Langeln
Zilly
Dardesheim
HUY
Huysburg
HAKEL
Drübeck
WERNIGERODE
Schachdorf Ströbeck
HALBERSTADT
Derenburg
Benzingerode
Langenstein
Thekenberge
Harsleben
Wegeleben
Hedersleben
Ditfurt
Regenstein
Heimburg
Westerhausen
QUEDLINBURG
Gatersleben
Schadeleben
Nachterstedt
Hasserode
Blankenburg
Teufelsmauer
Warnstedt
Sewecken berge
Hoym
ASCHERSLEBEN
Weddersleben
Roseburg
Gegensteine
Ermsleben
Reinstedt
Wienrode
Timmenrode
Teufels mauer
Gernrode
Thale
Roßtrappe
Elbingerode
Hüttenrode
Drei-Annen-Hohne
Rübeland
Bad Suderode
Rieder
Ballenstedt
Endorf
Welbsleben
Baumannshöhle
Hermannshöhle
Ramberg
Meisdorf
Quenstedt
Wendefurth
Bodetal
Viktorshöhe 582
Friedrichsbrunn
Wiese rode
Sylda
Altenbrak
Rappbode
Königshütte
Gr. Stemmberg 517
Selketal
Burg Falkenstein
Alterode
stausee
Treseburg
Mägdesprung
Pansfelde
Molmerswende
Stangerode
Tanne
Alexisbad
Abberode
Einetal
Hasselfelde
Allrode
Schielo
Harzgerode
Wippertal
Siptenfelde
Güntersberge
Rotacker
Stiege
Silberhütte
Trautenstein
Bärenhöhe 618
Friedrichshöhe
Neudorf
Königerode
Siebigerode
Straßberg
Braunschwende
Benndorf
Breitenstein
Benneckenstein
Dankerode
Gorenzen
Josefskreuz
Wippertalsperre
Wippra
Helbra
Gr. Auerberg 579
Rothesütte
Grillenberg
Poppenberg 600
Hayn
Rotha
Schwenda
Stolberg
Morungen
Wettelrode
Neustadt
Ellrich
Ilfeld
Riestedt
Questenberg
Niedersachswerfen
Rottleberode
Großleinungen
Buchholz
Heimkehle
Wickerode
Wallhausen
SANGERHAUSEN
NORDHAUSEN
Uftrungen
Görsbach
Roßla
Berga
Bennungen
Oberröblingen
Heringen
Kyffhäuser
Tilleda
Sundhausen
Stausee Kelbra
Kelbra
Allstedt
KYFFHÄUSER GEBIRGE
Edersleben
Hainrode
Wolkramshausen
Auleben
Rathsfeld
SONDERSHAUSEN
Badra
Artern
Großfurra
Panorama
Barbarossahöhle
Rottleben
Bad Frankenhausen

Farbbild-Reise durch den HARZ

Pictorial tour of the HARZ

Voyage à travers la HARZ

Gisela Buddée

Romantisches Mittelgebirge
HARZ

ZIETHEN-PANORAMA VERLAG

Gisela Buddée

Romantisches Mittelgebirge HARZ

Es ist wie mit der Mode. Die von gestern gilt nichts und die von vorgestern ist schon wieder die schönste. Jetzt kommen sie wieder, die Wanderer mit den ledernen Kniebundhosen und roten Strümpfen, den schweren Schuhen und den Stöcken. Die alles gesehen zu haben glaubten zwischen der chinesischen Mauer und den karibischen Inseln. Im Herbst stehen sie sich im engen Bodetal im Weg, suchen auf der Roßtrappe nach dem berühmten Hufabdruck, den das Pferd der schönen Brunhilde hinterließ, als es zum Sprung ansetzte, der sie vor dem wilden Bodo retten sollte. Er wurde, wie man aus der Sage weiß, in einen schwarzen Hund verwandelt, der nun das Tal bewachen muß - das schönste Tal im Harz. Jahrmillionen hat der schäumende Fluß gebraucht, sich seinen schmalen Weg durch Hornfels und Granit zu graben - und Jahrtausende hat keiner hingesehen.

Als das Reisen noch eine gemächliche Beschäftigung war, Meer und Alpen als ebenso gefährlich wie unwirtlich galten, waren die deutschen Mittelgebirge der berühmten Wanderer Sehnsuchtsziele. Keine 200 Jahre ist das her. Heinrich Heine dichtete 1824: „Auf die Berge will ich steigen, wo die frommen Hütten stehen, wo die Brust sich frei erschließet und die freien Lüfte wehen." Diese Berge standen im Harz, der mit seinem höchsten Gipfel, dem 1142 Meter hohen Brocken, nun wieder ein gesamtdeutscher ist. Die Euphorie der ersten Nachwendebesteigung am 3. Dezember 1989, als Tausende von Menschen aus Ost und West zum Gipfel eilten, hat nur wenig nachgelassen. Jahr um Jahr kommen Millionen, manche immer wieder. Mit isländischer Kälte und der Koketterie eines Vielbesungenen verhüllt sich der Berg an die 300 Tage im Jahr in Wolken. Wer den Wandertag beginnt, weiß nicht, was ihn oben erwarten wird.

Pictorial tour of the HARZ

It's the same with fashion. Yesterday's is worthless, and, before you know it, the fashion of the day before yesterday is once again the most beautiful. The hikers with the leather knee breeches, red socks, their heavy boots and sticks are starting to come once more. Those who thought they had seen it all, from the Chinese wall to the Caribbean islands. They get in each other's way in the narrow Bode valley in autumn, looking for the famous hoof print on the Roßtrappe, left by the horse of the beautiful Brunhilde as it prepared to jump, thus saving her from the wild Bodo. According to the legend, he was transformed into a black dog, who's task it was to guard this, the most beautiful valley of the Harz. It has taken the frothy river millions of years to carve it's way through the hornfels and granite - and for thousands of years no one has taken any notice.

When travelling was still a leisurely activity, and the sea and the Alps considered dangerous as well as inhospitable, the German low mountain range was a dream destination for many a hiker. In 1824 Heinrich Heine wrote :" I want to scale the mountains, where the meek huts stand, where the chest is opened and the free winds blow." These mountains were the Harz mountains, who's highest peak, the 1142 metre high Brocken, now forms part of the reunified Germany. The euphoria of the first ascents after the reunification on the 3rd of December 1989, where thousands of people from east and west headed for the summit, has hardly diminished. Millions of people come year after year. The mountain hides behind an Icelandic cold veil of clouds 300 days a year with the coquettishness of one much admired. Whoever starts a day's hike doesn't know what is in store for him at the summit.

Le massif romantique du HARZ

Les randonneurs nous rappellent un peu la mode. Alors que celle d'hier ne fait plus furie, la mode d'avant-hier ravive toujours les cœurs. Bien qu'ils prétendent connaître le monde entier parce qu'ils ont visité la muraille de Chine et qu'ils se sont rendus jusqu'aux îles Caraïbes, les randonneurs, vêtus de knickers de cuir, de chaussettes rouges, de chaussures pesantes et tenant un bâton à la main, sont déjà de retour. En automne, ils se barrent le passage dans l'étroite vallée de la Bode et arrivés à la Roßtrappe, ils se mettent à la recherche de la célèbre empreinte de sabot laissée par le cheval de la belle Brunhilde, qui, grâce à lui, put échapper au brutal Bodo. La légende raconte que ce dernier fut transformé en un chien noir qui veille depuis sur la plus belle vallée de la région du Harz. Le fleuve écumeux nécessita des millions d'années pour se frayer un chemin à travers l'horneblende schisteuse et le granit. Et pendant des milliers d'années, personne n'y a attaché son regard.

A l'époque où les voyages étaient encore considérés comme un loisir agréable, où la mer et la montagne étaient des endroits aussi bien dangereux qu'inhospitaliers, les montagnes moyennes allemandes attiraient déjà de célèbres randonneurs. En 1824, il y a peine deux siècles, Heinrich Heine fit les vers suivants : «Je veux escalader les montagnes qui abritent des refuges permettant de se retirer, où on peut se promener la poitrine à l'air et où on respire de l'air frais.» Ces montagnes dont il était question sont situées dans le massif du Harz, dont le point culminant, le légendaire massif du Brocken (altitude 1142 mètres), fait désormais partie de l'Allemagne réunifiée. Après l'ouverture du mur, les sensations de bonheur qu'éprouvèrent des milliers d'Allemands de l'ouest et de l'est lorsqu'ils se mirent à escalader la montagne le 3 décembre 1989,

Eine bemerkenswerte Renaissance erleben die romantischen Landschaften, die erst Heine und Goethe, Hermann Löns und Fontane uns zu sehen gelehrt haben. Davor galten sie nichts. Oder nur als Schauplätze kriegerischer Auseinandersetzungen, Standorte fürstlicher Schlösser. Dänen und Niederländern war das nördlichste deutsche Mittelgebirge seit den sechziger Jahren die nächste Abfahrt im Pulverschnee. Die Westler, die jahrzehntelang ihre Besucher zum Stacheldraht an der Grenze geführt hatten, haben in den vergangenen Jahren das Gefühl gewonnen, den schönsten, den lichtesten Teil des Gebirges habe man ihnen bisher vorenthalten. Das liegt nicht nur am flacheren Unterharz, den hellen Laubwäldern neben dunklen Fichtenhainen, die für die Abwechslung der Eindrücke sorgen. Die Orte sind noch nicht so ausweglos fertig, so aufgeräumt und für Touristen herausgeputzt, lassen Fantasie und Neugier Spielraum, wecken Erinnerungen und Sehnsüchte. Hier schnitzt man noch Harzhexen aus richtigem Holz, da sprühen noch Funken aus einer Schmiede. Nichts gibt sich mondän.

Der Harz - sein Name kommt vom alten deutschen Wort „Hart" für Bergwald - ist eigentlich eine tertiäre Scholle, herausgehoben aus den im Karbon und Devon aufgefalteten Schiefern. Das ist unendlich lange her und bezeichnet die Zeit vor Milliarden Jahren, als erste Wälder, Insekten und Kriechtiere die Erde besiedelten. Da schon barg dieses Stück Erde Silber, Eisen, Kupfer, Blei, Schwefel und Arsen. Aber es galt lange als unwegsam und unbewohnbar, und langsam erst wurden die Ränder besiedelt. Erst das ausgehende Mittelalter machte das gerade hundert Kilometer lange und 35 Kilometer breite Gebirge bedeutend, als hier Erze gefördert wurden und Produktionsstätten sich ansiedelten.

The romantic landscapes, that Heine, Goethe, Hermann Löns and Fontane taught us to see, are currently experiencing a remarkable renaissance. Before that they were considered nothing more than scenes of armed conflict and location of lavish castles. The most northern German low mountain range has been the closest powder snow slope for the Danes and the Dutch since the sixties. The West Germans, who used to take their guests to the barb wire border, are now starting to realise, that the nicest, the lighter side of the mountains had been withheld from them until the reunification, not only because of the flatter lower Harz, the lighter deciduous forest and the dark pine groves, that provide many different impressions. The towns are still not fully deve-loped and all neat and tidy and decked out for the tourists. They leave room for imagination and curiosity and arouse memories and yearning. Here sparks still fly out of the forge and Harz-witches are still carved out of proper wood. Nothing is mundane.

The Harz got it's name from the old German word "Hart", meaning hard, which stood for the Bergwald. In fact the Harz is a tertiary clod, elevated by the slate within the carboniferous and the Devonian. But that is long ago. It took place billions of years ago, when the first woods, insects and reptiles started to populate the earth. Even then, this piece of land held silver, iron, copper, lead, sulphur and arsenic. But for a long time the region was considered rough and inhabitable, and only slowly did the people start to populate the edges. The only one hundred kilometres long and 35 kilometers wide mountain range first became important towards the end of the Middle Ages, when minerals were being extracted, production centres had settled down and trade routes led by.

ne se sont que très peu estompées. Chaque année, des millions de visiteurs y reviennent. La montagne, où règne un froid semblable à celui de l'Islande, est enveloppée de nuages pendant presque 300 jours par an. Ceux qui se préparent à y faire une randonnée, ignorent ce que la montagne leur réserve.

Les paysages romantiques, que les écrivains Heine, Gœthe et Fontane nous firent jadis découvrir, vécurent une renaissance remarquable. Avant cette époque, ils n'étaient pas prisés où bien ne donnaient lieu qu'à un théâtre d'opérations guerrières où étaient l'endroit que les Princes choisissaient pour y construire leur château. Depuis les années soixante, Danois et Néerlandais s'adonnent aux sports d'hiver dans ce massif allemand situé non loin de chez eux. Les Allemands de l'Ouest, qui pendant des années avaient mené leurs touristes jusqu'aux barbelés bordant la frontière, ont eu l'impression au cours des dernières années qu'on leur avait dissimulé la plus jolie section de la montagne. Et ceci ne résulte pas seulement du fait que le massif du Bas Harz soit peu élevé ou que les claires fôrets de feuillus, arrangées à côté de sombres fôrets de sapins, nous offrent des paysages variés. Les sites ne sont pas encore réellement achevés et ils ne témoignent pas d'une mise en ordre et d'une propreté destinées à plaire aux touristes, ils laissent plutôt place à l'imagination et éveillent la curiosité. C'est ici que l'on sculpte encore les fameuses sorcières du Harz en bois véritable et que jaillissent encore les étincelles d'une forge. Rien n'est mondain.

Le Harz, qui est dérivé de l'ancien terme germanique «Hart» désignant les montagnes aux noms en «Wald» (fôret) est à proprement parler un bloc de l'ère tertiaire surgi des plissements schisteux remontant à l'ère du charbon et du Devon.

Die Harzbesuche der ersten Bildungsreisenden offenbarten die Dramatik der Landschaft. Von den Menschen, die sich hier ansiedelten, im Berg Schätze für die Fürsten und selbst gerade ein Auskommen fanden, war erst viel später die Rede. Heute findet sich die Zeugen ihrer Zeit nebeneinander, die winzigen Behausungen, die sich im Schatten reichgeschmückter Fachwerkhäuser ducken. Von hier aus gingen die Männer ihrem Tagwerk im Berg nach. Die Kinder auch, sich von früh an einen Arbeitsplatz dort unten zu sichern, wo es finster war und immer kalt. Wer mit dem „Feurigen Elias" heute 266 Meter tief in die Grube „Lautenthals Glück" einfährt, darf den Pullover nicht vergessen. Kilometerlang sind die Stollen, die die Männer im 16. Jahrhundert in den Berg trieben, mit Schlägel und Eisen, nur Zentimeter am Tag!

Eine ganz andere Welt ist im Untergrund zu entdecken und unglaublicher Erfindungsreichtum zu bewundern: Die Fahrkunst zum Beispiel, deren Nachbildung man am Giebel der Zellerfelder Post sehen kann. Zwei Holzstangen mit Trittbrett bewegen sich so gegeneinander, daß sie die Bergleute schnell hinauf- und hinunterbefördern konnten - wichtig, wenn man bedenkt, daß der Arbeitstag im Berg zehn Stunden lang war und die Wege zum „Arbeitsplatz" noch hinzukamen. Fantastisch das Oberharzer Wasserregal bei Clausthal-Zellerfeld, Regal genannt, weil so das Recht auf Wassernutzung hieß. Es ist ein Wasserregulierungssystem, erdacht, weil bis dahin Wasserknechte auf langen Leitern sich Wassereimer zureichen mußten, danach Pferde in Göpeln, wie man sie nannte, Winden bewegten, mit deren Hilfe Wassersäcke und Erztonnen nach oben befördert wurden. Und dann hat man Speicherteiche und Sammelgräben angelegt, damit zu jeder Zeit Wasser floß, wo es notwendig war.

The drama of this scenery was exposed by the first visitors on educational trips. The people who once settled here, who worked in the mines and extracted treasures for their sovereign, whilst barely managing to get by themselves, were mentioned only much later. Today you can find witnesses of these times next to one another; the tiny dwellings hiding in the shadow of the richly decorated half-timbered houses. It was from here that the men pursued their daily work in the pits. The children worked too, down there where it is always dark and cold, in order to secure themselves a job. People, who decide to take the "Feurigen Elias" into the 266 metre deep pit "Lautenthals Glück", should remember to bring a pullover. The tunnels, that go on for kilometres, were dug out by men in the sixteenth century with simple hammers, mere centimetres a day!

A completely different world awaits to be discovered in the underground and astounding ingenuity waits to be admired: the way to move, for example, a model can be seen underneath the gable of the Zellerfeld post office. It consists of two wooden beams with pedals that move against one another in such a fashion, that it allowed the miners to descend into or ascend out of the pits fast, which was important if you take into account that the working day for a miner was ten hours long, not including the trip to their "workplace". In the upper Harz lies the fantastic Wasserregal by Clausthal-Zellerfeld, named Regal after the right to water use, which bore the same name. A water regulation system was developed, because until then servants on long ladders formed a human chain and handed buckets of water to each other. Horses in so called Göpeln, moved the windlasses to bring the sacks of water and bar-

A cette époque là, la terre renfermait déjà des metaux précieux tels que de l'argent, du fer, du cuivre, du plomb, du soufre et de l'arsenic. Mais cette région fut pendant long-temps très difficile à traverser et demeura également longtemps inhabitable. C'est seulement vers la fin du Moyen Age que ce massif, ayant 100 kilomètres de longueur et 35 kilo-mètres de largeur, revêtit de l'importance, à l'époque où on commença à extraire du minerai, où les centres de production s'y implantèrent et où les voies commerciales la traversèrent.

Les premiers voyages culturels entrepris par les excursionnistes dans la région du Harz dévoilèrent l'intensité dramatique de la région. C'est seulement au bout de plusieurs siècles que l'on évoqua la vie des premiers hommes qui s'établirent dans cette région, qui se mirent à chercher des trésors pour des comtes et qui trouvèrent une première activité leur permettant de subvenir à leurs besoins. Au-jourd'hui, les édifices témoins de cette époque se dressent les uns à côté des autres telles les minuscules habitations tassées contre de splendides maisons de bois. C'est ici que vécurent les hommes qui travaillaient du matin au soir à la mine. Les galeries que les mineurs n'arrivèrent à creuser que de quelques centimètres par jour à l'aide de massettes et de pointerolles au 16 ème siècle, sont longues de plusieurs kilomètres.

Jadis, les gens étaient venus de partout pour chercher du travail dans la région du Harz. Ces créatures bizarres qui coltinaient des mottes remplies de bois à travers les fôrets jusqu'aux charbonnières, dans lesquelles on brûlait des hêtres pour en faire du charbon de bois nécessaire à l'élaboration métallurgique des minerais, ne ressemblaient-elles pas à des esprits ou à des fantômes dans le brouillard d'automne?

Aus ausgehöhlten Baumstämmen und in Handarbeit entstanden die Wasserleitungen, 500 Kilometer Gräben, über 100 Teiche, darunter der Oderteich, der damals größte Stausee Europas. Heute ist das Hochplateau mit noch über 60 Teichen ein Kulturdenkmal.

Von überall her waren Menschen gekommen, hier Arbeit zu finden, auch Bergleute aus Tirol. Die Tiroler hatten aus ihrer Heimat einen Vogel mitgebracht, der als Harzer Edelroller bekannt werden sollte, den Kanarienvogel. Seine Zucht ergab ein wichtiges Zubrot, denn hoch waren die Löhne nicht. Merkwürdige Gestalten schleppten Holzkiepen durch die Wälder zu den Meilern, in denen Buchen zu Holzkohle verbrannten, die man für die Erzverhüttung brauchte - sahen sie nicht im Herbstnebel wie Geister und Gespenster aus? Kein Wunder, daß gerade im Harz unzählige Sagen und Geschichten entstanden, an langen Abenden gesponnen und weitererzählt, von der Teufelsmauer und vom guten Zwerg Hübichenstein. Goethe selbst hatte sich 1777, als er den Blocksberg, wie er den Brocken nannte, bezwang, dort zum Hexentanzplatz im „Faust" inspirieren lassen. Der Dichter mußte nichts erfinden, das Unheil droben war schon verbürgt, auf einem Holzschnitt von 1620 als Zauberfest der Gottlosen dargestellt. 1896 schon traf sich eine organisierte Walpurgisgesellschaft auf dem Brocken, und als ab 1899 die Brockenbahn fuhr, sollen seltsame Gesellschaften auf dem Gipfel in den Mai getanzt sein. Jedenfalls hat der Fürst von Stolberg-Wernigerode das umstrittene Spektakel 1901 verboten.

Aber auch die kahlen Kuppen wie am Hohneklippen-Kamm zwischen dunklen und lichten Wäldern erzählen die Geschichte des Harzes.

rels of minerals to the surface. Reservoir ponds and ditches were set up, so that water could always flow to where it was needed. Tree trunks were hollowed out by hand to divert the water over 500 kilometres of ditches to more than 100 ponds, including the Oderteich, the largest artificial lake at that time. With over 60 connecting ponds the plateau is nowadays a cultural monument.

People came from all around to find work here, including miners from Tyrol and the Erz mountain range. The Tyrolese brought with them a bird, which was soon to become famous as the Harzer Edelroller, the canary. The breeding of canaries brought with it a lucrative extra income, seeing as the salaries were certainly not very high. Strange figures dragged panniers through the woods to the charcoal kiln, where beeches were burnt to charcoal, that was needed to melt the minerals - wouldn't they look like ghosts in the autumn fog? It's little wonder that many legends and stories originate in the Harz. Yarns spun and told on long evenings, like the one about the devil's wall, or the one about the good dwarf Hübichenstein. In 1777 Goethe let himself be inspired to the scene of the witches dance in "Faust" by the Brocken, which he called the Blocksberg. He didn't have to invent anything. The scene was to be seen at the peak, on a wooden engraving dating from 1620, portraying the magic feast of the godless. In 1896 organised Walpurgis-societies met on the Brocken, and, once the Brockenbahn was in operation, strange societies are supposed to have danced into the month of May on top of the Brocken.

Yet even barren hilltops between dark and light woods, such as the Hohnklippen ridge, tell us the history of the Harz. Increasing air pollution, bark beetles and the wind have taken their toll.

Ce n'est pas étonnant que justement dans la région du Harz circulaient d'innombrables légendes et histoires qui traitaient aussi bien du mur du diable que du bon nain Hübichenstein etc. En 1777, lorsque Gœthe atteignit le point culminant du Blocksberg, nom qu'il donnait au massif du Brocken où les sorcières se réunissaient pour danser devant le diable en chevauchant un balai, il s'inspira de cet endroit pour écrire la célèbre scène de Faust. Gœthe n'avait nullement besoin de faire appel à son imagination car il découvrit sur le sommet du Brocken une sculpture de bois datant de 1620, représentant le théâtre du sabbat des athées et qui confirmait ainsi que cet endroit était déjà maléfique. En 1896, une assemblée de sorcières s'y réunissait déjà lors de la nuit de la Walpurgis (première nuit de mai). Et à partir du moment où le Brocken fut raccordé au réseau ferroviaire en 1899, on prétend avoir vu d'étranges assemblées en train de danser lors de cette première nuit du mois de mai. Quoi qu'il en soit, le prince de Stolberg-Wernigerode fit interdire ce spectacle en 1901.

Les sommets dénudés tels ceux du Hohneklippen-Kamm peuplés par des fôrets sombres et éclatantes de lumière nous narrent également l'histoire du Harz. La pollution accrue, les bostrydes et les vents ont eu des effets bénéfiques sur certains paysages. Les fôrets détruites sont maintenant renouvellées par des bouleaux, des pâturages et des sorbiers. Et qu'est-il advenu des sapins? N'y a-t'il pas une assiette accrochée un peu partout sur laquelle figure l'inscription suivante:«Si les sapins verdissent, alors la production en minerais sera fructueuse»? On n'a jamais planté de sapins dans la région du Harz, ce proverbe n'est que pure invention. La région a toujours été parsemée d'hêtres et d'épicéas. Ces arbres, déjà abattus au 10 ème siècle,

Schmuck sieht das spätgotische Rathaus mit seinen Arkaden zum Markt aus. So ist es um 1450 aus einem romanischen Bau entstanden. Über die Freitreppe links erreicht man das Obergeschoß - und hält die Luft an: kostbare Holzschnitzereien und Malereien, lückenlos, holzgetäfelte Wände und geschnitzte Leisten im Huldigungssaal, dem Tagungsort der Ratsherren. Den Reichtum der Tuchhändler und Gewandschneider kann man von ihrem Gildehaus von 1494, mit Arkaden und barocken Holzstatuen, dagegen schon von außen ablesen.

The late Gothic town hall looks smart with it's arcade leading to the marketplace. This is how it evolved from a roman building around 1450. You can reach the top floor by the flight of steps on the left, where one is breath-taken by the precious wood carvings and paintings, perfect wood-panelled walls and carved strips in the homage hall, venue for the members of council. The wealth of the fabric traders and tailors is clearly to be seen when looking at their guildhall from 1494, decorated with arcades and baroque wooden statues.

L'élégant hôtel de ville de style gothique tardif, dont la construction superpose une halle à arcades, s'ouvre sur la place du marché. Cet hôtel de ville de style roman fut construit vers 1450. Par un escalier extérieur (côté gauche), on monte à la grande salle du premier étage où un intérieur majestueux se présente à nous: de précieuses sculptures sur bois, de splendides peintures, des panneaux de boiserie restés entièrement intacts et des moulures sculptées se succèdent dans la salle de l'Hommage (Huldigungssaal) qui fut jadis aménagée en salle du conseil municipal.

Fortsetzung des Einleitungstextes

Zunehmende Luftverschmutzung, Borkenkäfer und Wind leisteten mancherorts ganze Arbeit. Aus sterbendem Wald wächst nun neuer, mit Birken, Weiden und Ebereschen. Und die Tannen? Hängt nicht überall das Tellerchen „Es grüne die Tanne, es wachse das Erz…"? Nie sind Tannen im Harz gewachsen, das war wohl immer erlaubte Fantasie. Buchen und Fichten bedeckten das Land und wurden schon im 10. Jahrhundert für den Erzbergbau als Grubenholz, für das Fachwerk, für Bänke und Tische und später Papier gefällt. Zeitweise soll mehr Holz im als auf dem Berg gewesen sein. Fichten pflanzte man, weil sie so schnell wuchsen. Nur wo die Berge weder Gold noch Silber bargen, ließ man die Laubbäume wachsen. Jetzt, unter Schutz gestellt, darf aus Nutzwald wieder Urwald werden. Am Brockenwald kann man es beobachten. Wo Granitblöcke die Gegend unwegsam machten und die Natur sich nach eigenen Gesetzen entwickeln durfte, modert Bruchholz in den Mooren. Füchse und Wildkatzen streifen wieder durch das Holz. Ein Waschbär aus Nordamerika hat seinen Pelz aus einer Farm gerettet, und seine Nachfahren werden als Freßfeinde argwöhnisch beobachtet. Der Harz lebt wieder. Und vor allem ist wieder viel mehr zu sehen als die Baudenkmäler aus romanischer Zeit, als Klöster, Kirchen und Kaiserpfalz. In Goslars Pfalzkapelle St. Ulrich liegt in einem Sarkophag das Herz Heinrich III. Das hat er aus Liebe zu Stadt und Landschaft so verfügt, auch wenn sein Leib, der Familientradition gemäß, im Dom zu Speyer beigesetzt werden mußte.

End of the introduction

A new forest is growing out of the dying one, with birches, pastures and rowan trees. And the pine trees? Aren't there plates hanging everywhere, proclaiming :" The greener the pine tree, the more the minerals grow…"? There have never been pine trees in the Harz. That has always been a popular fantasy. Beech and spruce trees covered the land and were already being cut down and used in the mines, for half-timbering, for benches and tables in the tenth century. And a little later on for the production of paper. Supposedly, there was more wood in the mountain than was growing on the mountain at times. Spruce trees were planted, because they grow so fast. Only on the spots where no gold or silver could be found, were the deciduous trees allowed to continue to grow. Now, under protection, it can turn back into a primeval forest once more. You can observe this in the Brockenwald. Where blocks of granite once made the area rough, old wood is now rotting away in the moors. Foxes and wild cats prowl through the woods again. Ever since a racoon from the USA saved it's fur by escaping out of a farm, it's descendants have been regarded with suspicion by their natural enemies. The Harz is alive again. And, above all, there is so much more to see, than roman historical monuments, monasteries, churches and the Kaiserpfalz. As is family tradition, the body of Henry III lies in the cathedral in Speyer, but out of love to the town and countryside, it was his will that his heart be kept in a sarcophagus in the Palatine chapel St. Ulrich in Goslar.

Suite de l'introduction

étaient destinés au bois des mines pour l'exploitation de minerais, pour les constructions en colombages, pour la construction de bancs et de tables et plus tard pour la fabrication du papier. Entretemps, les montagnes doivent contenir beaucoup plus de bois que les flancs. On plantait des épicéas simplement parce qu'ils poussaient rapidement. On ne plantait des arbres à feuilles caduques en montagne que dans les endroits ne renfermant ni or, ni argent. Maintenant qu'elles sont sous protection, les fôrets, qui étaient naguères détruites au profit de l'industrie, peuvent désormais reprendre leur état primaire. La fôret du Brocken nous le confirme parfaitement. Là où les blocs de granits rendaient les chemins impraticables et où la nature pouvait évoluer à son propre rythme, du bois cassant pourrit dans les marais. Renards et chats sauvages font de nouveau leurs griffes sur les troncs d'arbres. Un raton laveur d'Amérique du Nord vient d'échapper à la mort et ses descendants, dont la nourriture fait bien des jaloux, sont observés d'une façon bien bizarre. Le Harz revit. Outre ses monuments historiques datant de l'époque romaine, ses abbayes, ses églises et le palais impérial de Goslar, cette région renferme des endroits encore plus magiques. La chapelle palatine St-Ulrich conserve le tombeau d'Henri III, qui renferme le cœur de cet empereur. Il prit cette décision par amour pour cette ville et ses paysages. Son corps, néanmoins, repose dans la cathédrale de Speyer conformément à la tradition familiale.

Hotel
KAISERWORTH
Dukaten
Keller
Das historische Hotel

GOSLAR, Fachwerkhäuser

Armut hat den mittelalterlichen Schatz bewahrt. Auf einem Quadratkilometer findet man in Goslar 168 Bauwerke aus dem Mittelalter, und tausend Häuser in der Altstadt stehen unter Denkmalschutz. Opulentes Renaissancedekor könnte zu der Annahme verleiten, die Blütezeit der Stadt sei durch die Montanvorkommen ungebrochen gewesen. Wenn man jedoch genau hinschaut, sieht man, daß einfaches Fachwerk, das den teureren Steinbau ablöste, den Beginn ärmerer Zeiten in gemischt bebauten Straßen ankündigte.

GOSLAR, Half-timbered houses

Poverty has preserved this Middle Age treasure. In Goslar you can find 168 buildings from the Middle Ages, and a thousand houses in the old part of Goslar are historical monuments. The lavish renaissance décor might lead you to think that the town always prospered, due to it's wealth in coal and steel. But, when you look closer, it becomes clear that the simple half-timbering, that was to replace the more expensive building in stone, was to mark the beginning of poorer times.

GOSLAR, Maisons de bois

Malgré qu'elle fut touchée par la pauvreté, cette ville ramasse un magnifique ensemble de maisons à colombages datant du Moyen Age. A Goslar, on peut découvrir 168 édifices datant du Moyen Age, regroupée sur un kilomètre carré et la vieille ville abrite 1000 maisons classées monuments historiques. Les somptueuses maisons Renaissance peuvent nous amener à penser que cette ville connut une prospérité ininterrompue grâce aux gisements miniers et d'acier. On remarque cependant que les édifices à architecture modeste ont succédé à des constructions en pierre à prix coûteux.

Vom größten romanischen Palastbau in Deutschland, den Heinrich III. (1039-56) so großzügig ausstatten ließ, regierten Salier- und Hohenstaufer-kaiser das Heilige Römische Reich Deutscher Nation. Da war der Harz Mittelpunkt des Reiches, vorher reiste die Herrschaft bei Bedarf von Pfalz zu Pfalz. Im 19. Jahrhundert drohte das Nationaldenkmal zu verfallen, aber dann wurde es in zehnjähriger Arbeit saniert und auf Wunsch Kaiser Wilhelms mit monumentalen Wandmalereien zur deutschen Geschichte ausgestattet.

The Salian and the Hohenstaufen Kaiser reigned over the Holy Empire of the German Nation from the biggest Roman palace in Germany, that Henry III (1039-56) had generously furnished. The Harz was the centre of the empire then. Before that, the sovereigns travelled from earldom to earldom. In the 19th century the national monument threatened to fall into decay. But then it was restored over a period of ten years and, on request from Kaiser William, fitted with monumental murals depicting German history.

Disposant d'un intérieur élégant dû à Henri III (1039-56), cet édifice, constituant le plus grandiose des palais à style roman d'Allemagne, fut le lieu de résidence des empereurs Saliens et de Hohenstaufen. A cette époque, le Harz était la capitale de l'Empire. Auparavant, les seigneurs voyageaient si nécessaire d'un comté à un autre. Au siècle dernier, ce monument historique national risqua de tomber en ruines. Il fut cependant assaini pendant 10 ans et l'empereur Wilhelm le fit parer d'ambitieuses peintures historiques.

Im Gegensatz zu den meisten wasserwirtschaftlichen Bauten im Oberharz ist die Granetalsperre 1972 nur zu dem Zweck gebaut worden, mit zwei Fernwasserleitungen weiches, sauberes Harzwasser weit ins Harzvorland zu liefern. Ein schöner Wanderweg, 17 Kilometer lang, führt um den See, meist über Schiefergestein. Die Vegetation, Birken, Erlen und Ebereschen, ist noch verhältnismäßig jung. Im Sommer leuchten die Blütenähren des Roten Fingerhutes, und im Herbst kann man an sonnigen Stellen Brombeeren pflücken.

Contrary to most water-supply and distribution constructions, the Grane dam in the upper Harz, was only built for the purpose of supplying the Harz foothills with soft and clean Harz-water by two pipelines. There is a 17 kilometres long walk around the lake, mostly over slate. The vegetation, birches, alders and rowans, are still relatively young. In the summer the blossom spikelets of the red finger flower glow and in autumn you can pick bramble berries in sunny spots.

Contrairement à la plupart des constructions d'économie hydraulique que l'on trouve dans le Haut Harz, le barrage de Grane, datant de 1972, fut construit dans le but d'approvisionner l'avant-pays du Harz en eau douce et potable à l'aide de canalisations d'eau écartées. Un splendide chemin de randonnée long de 17 kilomètres, à revêtement parfois schisteux, nous conduit directement au bord du lac. En été, les albumens de la digitale pourpre scintillent et au printemps, les endroits ensoleillés nous invitent à cueillir des mûres.

RAMMELSBERG bei Goslar

Goethe war fasziniert, Alexander von Humboldt schwärmte von der „klassischen Quadratmeile der Geologie". Nun hat sich herausgestellt, daß Goslars Hausberg, der mehr als tausend Jahre lang - seit 968 - mit seinen reichen Erzvorkommen für Wohlstand sorgte, vielleicht sogar schon um 300 ausgebeutet wurde. Man hat im südlichen Harzvorland Erz und Schlacke aus der Zeit vom Rammelsberg gefunden. Die UNESCO hat die stillgelegten Bergwerksanlagen in die Liste der Kulturdenkmäler aufgenommen.

RAMMELSBERG near Goslar

Goethe was fascinated, and Alexander von Humboldt got into raptures about "the classic square mile of geology". Now it has become evident, that the mountain, that has brought wealth to the region since 968, with it's abundant mineral deposits, may in fact already have been exploited as early as 300. Bronze and waste products from the time of the Rammelsberg have been found in the southern foothills of the Harz. The UNESCO has put the shut-down mining facilities on their list of cultural monuments.

RAMMELSBERG près de Goslar

Goethe était fasciné et Humbold passionné par cette «géologie classique». La mine de Goslar, qui contribua avec ses richesses minières à la prospérité de cette ville depuis plus de 1000 ans fut probablement exploitée depuis environ l'an 300. Des gisements de minerais et de scories, datant de l'époque où les mines de Rammelsberg étaient en exploitation, ont été découverts dans le sud de l'avant-pays de l'Harz. Les mines désaffectées ont été classées monuments historiques par l'UNESCO.

Weit sieht es aus bis zum Bocksberg, aber man erreicht ihn von Hahnenklee, das heute ein Ortsteil Goslars ist, in wenigen Minuten mit der Kabinenseilbahn. Er ist 727 Meter hoch und für Wintersportler eine beliebte Abfahrtsstrecke. Von oben hat man einen wunderbaren Blick über die norddeutsche Tiefebene und zum Brocken. Hahnenklee-Bockswiese ist wie die sieben alten Bergstädte im Oberharz ein Ort, der traditionell von zugewanderter Bergbaubevölkerung geprägt war.

The Bocksberg looks so far away, but one can get there in a few minutes from Hahnenklee, a district area of Goslar, by cable car. The mountain is 727 metres high and a popular descent among winter sport fans. From the top you have a magnificent view of the North German lowland plain and of the Brocken. Hahnenklee-Bockswiese, like all seven old mountain towns in the upper Harz, is traditionally characterised by migrant miners.

Bien que le Bocksberg donne l'impression d'être situé à des kilomètres d'altitude, on y accède en quelques minutes en prenant la télécabine depuis Hahnenklee, qui est aujourd'hui un quartier de la ville de Goslar. Avec une altitude de 727 mètres, la montagne du Bocksberg constitue une piste de ski très appréciée par les amateurs de sports d'hiver. Le sommet nous réserve une vue splendide sur la Plaine basse d'Allemagne du Nord et sur le Brocken. Hahnenklee-Bockswiese est un lieu qui fut traditionnellement peuple de travailleurs miniers immigrés.

HAHNENKLEE, Stabkirche

So baute man Gotteshäuser in norwegischen Berg- und Fischerdörfern. Das gefiel Friedrich Wilhelm IV., dem romantischen Preußenkönig, und so ließ er 1840 eine Stabkirche aus dem norwegischen Vang ins Riesengebirge transportieren. Der hannoversche Baurat Karl Mohrmann, um den Entwurf einer Kirche für Hahnenklee gebeten, ließ sich 1907 davon inspirieren. Die Grundkonstruktion ist Wikingerschiffen abgeguckt, wobei man sich das Dach als Kiel vorstellen muß, auf zwölf Stäbe - senkrechte Holzpfeiler - gestellt.

HAHNENKLEE, Stave church

This is how churches were built in Norwegian fisher and mountain villages. Frederick William IV, the romantic Prussian king, liked them so much, he had a stave church be transported from the Norwegian Vang to the mountain range. When asked to design a church for Hahnenklee, the Hannoverian head of the planing department and building control office Karl Mohrmann let himself be inspired by it. He copied the basic construction from Viking ships. You have to imagine the roof as the keel, held up by twelve vertical wooden pillars.

HAHNENKLEE, Eglise

En Norvège, les églises des villages, situés en montagne, et celles des villages de pêcheurs furent construites dans ce style. Cette architecture séduisit Friedrich Wilhelm IV et c'est ainsi qu'il fit transporter une église d'allure scandinave de la ville norvégienne de Vang jusqu'aux mont des Géants en 1840. L'officier du service urbanisme de la ville d'Hannovre, Karl Mohrmann, qui fut chargé d'effectuer le plan d'une église, se laissa inspirer par ce style d'architecture. Les fondations ressemblent aux bateaux des Wikings.

Innen eher noch als außen sieht man der Gustav-Adolf-Kirche, nach dem Schwedenkönig benannt, die Anleihe an Schiffskörper an. Was man nicht so ohne weiteres sieht: Ein Andreaskreuzband hält das Gebäude oben zusammen. Die Querbalken sind ganz ohne Nägel gearbeitet, nur gespundet und genutet. Licht fällt durch die Bullaugen, die im Schatten des mächtigen mehrstufigen Satteldaches von außen kaum wahrgenommen werden. Deutschlands einzige Stabkirche ist längst berühmter als der Ort, in dem sie steht.

The resemblance to Viking ships is to be seen more clearly on the inside than on the outside of the Gustav-Adolf church, named after the Swedish king. One detail you won't notice immediately, is that the building is held together at the top by a St. Andrew's cross band. The crossbeams are free of nails, simply tongued and slotted. Light falls in through the portholes, that are hardly noticeable from the outside in the shadow of the mighty multistage saddle roof. Germany's only stave church has long been much more famous than the town it stands in.

L'église Gustav-Adolf, qui porte le nom du roi de Suède, possède un intérieur présentant l'aspect de la coque d'un bateau bien que cet aspect soit plus marquant à l'intérieur qu'à l'extérieur. Les poutres transversales ont été travaillées sans recourir à l'usage de clous, elles n'ont été que bondonnées et rainurées. La lumière pénètre les hublots qui ne sont cependant peu distinguables de l'extérieur de part l'imposant toit en pentes à étages multiples. La seule église d'Allemagne à allure scandinave est célèbre depuis longtemps, bien plus que la localité dans laquelle elle est implantée.

Das größte hölzerne Gotteshaus Deutschlands, die Marktkirche Zum Heiligen Geist, bietet 2 200 Menschen Sitzplatz. Der Vorgängerbau war abgebrannt, da errichtete man sie 1634 aus Fichtenstämmen, wie es sie im Oberharz reichlich gab, und Pfingsten 1642 wurde sie geweiht. Die innen wie außen streng und sachlich wirkende Kirche ist mit Bleiplatten gedeckt. Innen fällt ein reichgeschmückter Orgelprospekt aus dem 18. Jahrhundert auf, der Altar wurde zur Gründung geschnitzt. Drei Glocken hängen im Turm.

The largest wooden place of worship in Germany, the Marktkirche of the Holy Ghost, offers space for up to 2200 people. The preceding building was burnt down, so, in 1634, it was re-erected using spruce tree trunks, which were abundant in the upper Harz at that time. It was consecrated at Whitsun in 1642. The stern and serious appearing church is covered by lead slabs. On the inside, the heavily decorated organ from the 18th century stands out. The altar was carved for the foundation. Three bells hang in the tower.

La plus grande église en bois d'Allemagne (la Marktkirche zum Heiligen Geist) compte 2200 places assises. Ravagée par un incendie, cette église fut reconstruite en 1634 en bois de sapin car la région du Haut Harz était autrefois fort peuplée de sapins. Elle fut consacrée en 1642. Ayant un intérieur et un extérieur à la fois sombre et dépouillé, cette église a été recouverte de tables de plomb. A l'intérieur, remarquer l'ouvrage richement décoré de l'orgue, datant du 18 è siècle. Son autel fut sculpté en bois lors de la construction de l'église.

Schnee bedeckt die bunten Farben des Ortes im Innerste-Tal, der von den sieben Bergstädten der älteste ist und auch Klein-Tirol genannt wird. Das Moorbad hat zwar mit dem 19-Lachter-Stollen noch ein wichtiges Zeugnis des Silberbergbaus, das Besucher anlockt. Aber seine neuzeitlichen Attraktionen sind folkloristischer Art, ob nun ein Wildermann mit Bärenkopf posiert oder der Viehaustrieb Anlaß zum Pfingstochsengucken ist oder im Winter zum „Setzbügeleisendiplom" eingeladen wird.

Snow covers the bright colours of the town in the Innerste valley. Of the seven mountain towns, Wildemann is the oldest and is also affectionately called Little-Tyrol. With the 19-Lachter-tunnels, Wildemann still has important testimonies of silver mining, that attract visitors. But the modern attractions are more folklorical nature, be it a "wild man" posing with a bear's head or the driving out of cattle at Whitsun, or an invitation to the "Setzbügeleisendiplom" in winter.

La neige pare les paysages très expressifs de cette localité, située dans la vallée centrale (Innerste-Tal) et qui, parmi les sept autres villes situées en montagnes, est la plus ancienne. On l'on appelle également le Petit-Tirol. Le bain de boue, qui remmémore les 19 galeries de l'ancienne mine d'argent, attire de nombreux touristes. Mais les attractions contemporaines les plus goûtées sont d'art folklorique. On peut tout aussi bien y observer un homme sauvage coiffé d'une tête d'ours que du bétail paré de branches d'arbres et de fleurs.

Die Innerste-Talsperre, von Mischwäldern umgeben, ist kein Trinkwasserreservoir wie der nahe Grane-Stausee. Sie dient nur dem Hochwasserschutz und dem Wassersport. Man darf hier baden, rudern und segeln. Wie die Talsperren sind auch die meisten Teiche im Harz künstlich angelegt. Im Hochmittelalter brauchte man sie schon, um mit Wasserkraft Pumpen für die Bergwerke zu bewegen, die man „Förderkunst" nannte. Viele der einst 84 Teiche gibt es heute noch auf den Hochebenen, funktionslos, aber schön.

The Innerste dam, surrounded by mixed woodlands, is not for the provision of drinking water, like the Grane dam. It's sole purpose is to prevent floods and is used avidly for water-sports. Here, you can bathe, row and sail. Most ponds in the Harz are artificial. They were already being used in the high Middle Ages to operate pumps for the mines, named Förderkunst. Many of the 84 ponds still exist on the elevated plains. Not in working order, but beautiful none the less.

Contrairement au lac de barrage situé à proximité de Grane, le barrage Innerste-Talsperre, entouré de fôrets à essences mixtes, n'est pas un réservoir d'eau potable. Il protège uniquement contre les crues et permet également de pratiquer les sports nautiques. On peut s'y baigner, faire de l'aviron et de la voile. A l'époque du Haut Moyen Age, on se servait des barrages et des étangs pour déplacer les pompes des mines à l'aide d'énergie hydraulique. La plupart des 84 étangs existent toujours; on les trouve sur les hauts-plateaux.

„Lautenthals Glück" ist längst geschlossen. Mit einer Grubenbahn fährt man bis zu 250 Metern in die Tiefe des ehemaligen Silberbergwerks, oder bis in die tiefste Bergkapelle, in der einst Bergleute getraut wurden. Da ist man froh, danach wieder ans Tageslicht zu gelangen, zumal in einem hübschen Ort mit Fachwerkhäusern und Barockkirche. Er liegt in einem Talkessel, den die Innerste durchfließt. Brombergskopf und Großer Trogtaler Berg sind beide um 600 Meter hoch.

"Lautenthals Glück" has long been closed. A mine-railway takes you up to 250 metres deep into the former silver mine. Or to the deepest mine chapel, where miners were once wed. You'll be happy to reach the surface again, especially in such a quaint town with half-timbered houses and it's baroque church. It lies in a basin, where the Innerste flows through. The Brombergskopf and the Großer Trogtaler Berg are both around 600 metres high.

Il y a longtemps que la mine d'argent «Lautenthals Glück» est fermée. Un chemin de fer minier nous conduit soit directement au fonds de l'ancienne mine (250 mètres de profondeur) soit dans la chapelle de la mine dans laquelle les mineurs se mariaient autrefois. Après cette excursion, on est heureux de revoir la lumière du jour et d'apprécier les beautés de Lautenthal telles les splendides maisons de bois et l'église de style baroque. Lautenthal est situé dans un bassin dans lequel coule l'Innerste.

Die Sehusa-Burg, aus der die Stadt Seesen hervorging, war ein Geschenk des Sachsenkaisers Otto II. Damit liegt die Geschichte Seesens ziemlich im Dunkeln, denn es konnte bis heute nicht festgestellt werden, wo diese Burg gewesen sein soll. Im herzoglichen Jagdschloß von 1704, genau im Heimatmuseum, wird aber die bekannte tausendjährige Geschichte dokumentiert. Und damit nicht wieder Wichtiges in Vergessenheit gerät, wird beim Sehusa-Fest immer wieder die Vergangenheit lebendig.

The Sehusa castle, out of which the town Seesen emerged, was a present from the Saxon Kaiser Otto II. However, it has proven impossible to tell where the castle once stood. But, in the ducal hunting lodge from 1704, located in the museum of local history, the well-known thousand year old history is documented. And to prevent important things being forgotten, the past comes alive again and again during the Sehusa-feast.

Le château fort de Sehusa, autour duquel la ville de Seesen s'est développée, fut un cadeau de l'empereur saxon Otto II. Ainsi, l'histoire de la ville de Seesen est encore floue car le lieu où est situé le château fort demeure jusqu'à présent inconnu. La célèbre histoire de cette ville millénaire est cependant documentée dans le musée local situé dans le château de chasse ducal datant de 1704. Afin que les événements importants ne tombent pas dans l'oubli, la fête de Sehusa nous fait replonger dans le passé.

Fünf Täler mit Laub- und Nadelwäldern umgeben die älteste Harzer Bergbaustadt, und es ist erst wenige Jahre her, da hier noch Zinkblende und Bleiglanz abgebaut wurden. Die nahe Iberger Tropfsteinhöhle gehört zu den meist besuchten Sehenswürdigkeiten der Gegend. Ein historisches Kleinod ist das Arboretum, 1974 angelegt, eine Parklandschaft mit Sträuchern und Bäumen aus aller Welt. Unter dem Hübichenstein, einer 40 Meter hohen Felsnadel aus Kalkstein, wohnt ein sagenhafter Zwerg. Wenige haben ihn bisher gesehen.

Five valleys with deciduous and coniferous forests surround the oldest mining town in the Harz, and only a few years have passed since zinc-blende and galenite were still being mined. The drip stone cave in nearby Iberg, is one of the most popular attractions in the region. The arboretum, built in 1974, is a historical jewel. Parkland with bushes and trees from all over the world. Under the Hübichenstein, a 40 metres high needle rock, lives a legendary dwarf. Only few have seen him as yet.

Cinq vallées, peuplées de fôrets de feuillus et de conifères, bordent la plus ancienne cité minière du Harz. La grotte d'Iberg, située à proximité, est l'une des curiosités les plus visitées de la région. L'arboretum, aménagé en 1974, est un véritable joyau historique. Dans ce parc à l'anglaise, on découvrira des buissons et des arbres provenant du monde entier. En dessous de l'Hübichenstein, qui est un piton calcaire ayant une altitude de 40 mètres, réside un nain légendaire que très peu de gens ont vu jusqu'à présent.

Tropfsteinhöhle
Kurbadehaus
Bergbaumuseum
Uhrenmuseum
Postamt
19-7h
Oberharzer Hof
Café Julia
Restaurant · Ratskeller
Bierstube · Kegelbahn

Sehenswürdigkeiten ganz unterschiedlicher Art gibt es hier auf engstem Raum, wie man schon den Wegweisern entnehmen kann: Die Tropfsteinhöhle ist der Rest eines Korallenriffs, vor 450 Jahren von Bergleuten entdeckt, die Eisenstein suchten. Im Uhrenmuseum gibt es mehr als 500 funktionierende Uhren und Uhrwerke, von der Taschenuhr bis zur tonnenschweren Turmuhr. Das Bergbaumuseum am Knesebecker Schacht fällt durch den „Zeigefinder Gottes" auf, den 47 Meter hohen stählernen Hydrokompressorturm.

All kinds of sights worth seeing are to be found here, as you can tell by the signpost. The drip stone cave is what is left of a coral-reef, discovered 450 years ago by miners looking for ironstone. In the clock-museum more than 500 working clocks are on display. From a wristwatch to a huge church clock. The mining-museum, near the Knesebecker shaft, is easy to spot by the "forefinger of God", a 47 metre high steel water compression tower.

A Bad Grund, on pourra visiter les curiosités les plus diverses dans un espace très réduit. La grotte de consécration calcaire (Tropfsteinhöhle), qui est le reste de récifs coralliens, fut découverte il y a 450 ans par des mineurs à la recherche de fer oxydé. Au musée d'horlogerie, on peut découvrir plus de 500 montres et horloges. Le musée de la mine, situé à la Knesebecker Schacht, ne passe pas inaperçu de par l' «Index de Dieu», qui n'est rien d'autre qu'une tour d'acier à compresseur à chute d'eau d'une hauteur de 47 mètres.

Die Marktkirche St. Ägidien dominiert das Fachwerkstädtchen Osterode, das „Tor zum Südharz“. Fachwerk, ganz verblüffend, auch in Herzberg. Das Schloß hat Heinrich der Löwe 1157 gefallen, er hat es mit Kaiser Friedrich Barbarossa gegen schwäbische Erbgüter getauscht. Heute noch so steht es so, wie es nach einem Brand 1510 wieder aufgebaut worden ist. Zierat aus Barock und Renaissance schmücken das Gebäude, das Herzog Georg, Stammvater des Hauses Hannover, 1617 zu seiner Residenz erkor und das bis 1866 den Welfen gehörte.

In the town Osterode, the "gate to the south Harz", which mainly consist of half-timbered houses, the Marktkirche St. Ägidien predominates. You'll also find half-timbering in Herzberg. Henry the Lion liked the castle so much, he swapped it for Swabian estates with Kaiser Frederick Barbarossa in 1157. It still stands today, as it was rebuilt after a fire in 1510. The duke Georg, progenitor of the House of Hanover, decided to make the baroque and renaissance decorated castle to his residency in 1617. It then belonged to the Guelphs until 1866.

L'église St-Ägidien domine la petite ville d'Osterode qui ramasse un ensemble de maisons à colombages. Le château des Guelfes, situé à Herzberg, construit également en colombages, nous émerveille tout autant. Ce château avait plu à Henri le Lion, qui le restitua à l'empereur Frédéric 1er Barberousse en échange de biens héréditaires souabes. Reconstruit à la suite d'un incendie qui le ravagea en 1510, il est resté, depuis, en très bon état. Ce splendide édifice de style gothique et renaissance devint en 1617 le lieu de résidence du duc Georges.

Freundlich und ohne bemerkenswerte Sehenswürdigkeiten, einfach ein Straßendorf am Harzrand - oder nicht? Das Schöne ist versteckt. Die Einhornhöhle, zwei Kilometer nördlich des Ortes und schon zu Beginn der Eiszeit entstanden, ist mit 250 Metern Länge eine der großen Karsthöhlen. Nur die Einhornknochen, die angeblich in dieser Tropfsteinhöhle gefunden wurden und nach denen schon Goethe gesucht hatte, waren keine. Bären und Hirsche haben sich aber mit Gewißheit hier aufgehalten, und von ihnen stammen auch die Knochen.

It appears to be a friendly little town on the outskirts of the Harz, without any sights worth seeing. But is it really? The beauty is hidden. The Einhornhöhle (unicorn cave) ,two kilometres further to the north of the town and arisen during the Ice Age, is with it's length of 250 metres, one of the larger karst caves. The unicorn bones, that were supposedly found in this drip stone cave and that even Goethe searched for, are in fact bones of bears and deer, that once lingered in this cave.

Situé en bordure du Harz, ce village modeste et hospitalier ne possède pas de curiosités particulières. Ses beautés restent à l'abri. La grotte de la Licorne, située à 2 kilomètres, au nord de la localité, tire son origine de l'époque glaciaire. Avec une longueur de 250 mètres, elle représente la plus grande grotte de Karst. Les os de licorne, qui furent soi-disant découverts dans cette grotte de consécration calcaire et lesquels Goethe avait recherchés, n'étaient en fin de compte que ceux des ours et des cerfs ayant probablement vécu dans cette grotte.

Irgendwie hat man sich Quellen immer anders vorgestellt. Zwischen Schwarzerlen und Weiden führt der Weg südlich von Herzberg bei Rhumspringe zu einem See, einem Quellweiher eigentlich, 30 Meter breit und neun Meter tief. Jede Sekunde entspringen hier fast 5000 Liter kristallklaren Wassers. Der Hauptquelltrichter wird von Sieber, Zorge und Oder gespeist, drei Flüssen, die im Südharzer Gipsgestein versickert sind, sich getroffen haben, und als eine Quelle wieder ans Tageslicht kommen.

Springs have always been thought of a little differently. The path, that leads south from Herzberg near Rhumspringe takes you through alder trees and pastures, to a lake. Well, a source lake really, 30 metres across and nine metres deep. Almost 5000 litres of crystal-clear water arise from here every second. The source is supplied with water from the Sieber, the Zorge and the Oder. Three rivers, that met as they seeped through gypsumstone, reappear as a spring.

En fin de compte, en s'attendait à autre chose en voyant cette source. Au sud de Herzberg, à proximité de Ruhmspringe, prendre le chemin à travers les prés où l'on croisera des aulnes et où l'on arrivera à un lac qui n'est rien d'autre qu'un étang et qui a une largeur de 30 mètres et une profondeur de 9 mètres. Dans cette source, 5000 litres d'eau cristalline jaillissent toute les secondes. La source est alimentée par le Sieber, le Zorge et l'Oder. Ces trois fleuves, qui s'écoulent en suitant dans les rochers gypseux du Sud-Harz, se rencontrèrent et puis formèrent une source.

DUDERSTADT, historisches Rathaus

Drei Türme krönen das Rathaus auf dem Obermarkt, das im 13. bis 16. Jahrhundert als stattlicher Fachwerkbau mit einer doppelgeschossigen Sandsteinlaube entstanden ist. Aber es ist nur eins von annähernd 500 Bürgerhäusern verschiedener Stilepochen, die in einmaliger Geschlossenheit im Kranz eines mehr als drei Kilometer langen Stadtwalles erhalten sind. Einen schraubig gedrehten Westerturm gibt es außerdem am Untermarkt, gotische Kirchen, Barock und Jugendstil....

DUDERSTADT, historical town hall

Three towers crown the town hall on the upper marketplace. It was built from the 13th to the 16th century, as an imposing double story half-timbering with a sandstone leafy canopy. But it is just one of the around 500 town houses of different style epochs, that have been preserved within the three kilometres long town wall. Not to mention the spiralled Westerturm on the lower marketplace, Gothic churches, baroque and Art Nouveau...

DUDERSTADT, hôtel de ville historique

Trois tours couronnent l'hôtel de ville situé en hauteur de la place du marché. L'hôtel de ville, construit du 13 au 16 ème siècle, est une splendide construction en colombages avec des arcades en grès à deux étages. Parmi les presque 500 autres maisons bourgeoises à style architectural et d'époques divers, cet hôtel de ville, situé à l'intérieur des remparts longs de trois kilomètres, forme un ensemble harmonique et unique. En bas de la place du marché, remarquer également la Westerturm, tour en forme de tournevis, ainsi que les innombrables églises gothiques, les édifices d'art baroque, d'art nouveau etc.

600 Meter hoch ist der Ravensberg, und wer oben steht, hat die Wahl, welchen der schönen Ausblicke er genießen möchte: zum Thüringer Wald, zum Kyffhäuser, oder lieber zum Brocken oder einfach hinunter? – Unterhalb des Berges liegt Sachsa, Bad seit 1905, Kurort schon früher, 1874. Überdurchschnittlich viele Sonnentage sorgen für Heilklima zwischen sanften Hügeln und Hängen. Neben dem gepflegten Kurpark gibt es ein Waldschwimmbad und einen Märchengrund sowie die Gelegenheit zum Kutsch- oder Schlittenfahren.

Once you've made it to the top of the 600 metres high Ravensberg, you can decide which view you'd like to enjoy: the Thüringer woods, the Kyffhäuser, the Brocken. At the foot of the hill lies Sascha, a spa since 1905 and a health resort since 1874. – An above average amount of sunny days provide the necessary healing climate, inbetween peaceful hills and slopes. Beside the well-kept spa gardens, there is still a swimming pool in the woods to be seen, and fairytales to be fascinated by, and you have the opportunity to take a ride in a carriage or to go tobogganing.

Avec une altitude de 600 mètres, le Ravensberg offre des panoramas très variés. Du sommet, on aura une vue splendide sur la fôret de Thuringe, sur le monument du Kyffhäuser, sur le Brocken ou encore sur la vallée boisée. En bas de la montagne se trouve la ville de Sachsa qui est une station balnéaire depuis 1905 et une station thermale depuis 1874. – Favorisée de jours de soleil bien supérieurs à la moyenne, cette ville jouit d'un climat bénéfique. Outre le parc de la station thermale bien entretenu, on y trouvera une piscine aménagée en fôret.

Keine Stadt im Harz liegt höher - zwischen 600 und 900 Metern -, und keine Straße in Europa ist steiler als die Herrenstraße mit 22 Prozent Steigung. Hermann Löns und der Harzclub Hannover sollen zusammen dafür gesorgt haben, daß hier 1896 das erste Winterfest mit Wettläufen auf Skiern stattfand. – Der nahe Oderteich bei Oderbrück im Nationalpark täuscht, wenn er so scheint, als könne er kein Wässerchen trüben. Im 781 Meter hoch gelegenen Gasthaus werden auch im Sommer „Schneebälle" serviert. Aber aus Sahne.

No town in the Harz lies higher- between 600 and 900 metres- and no road in Europe is steeper than the Herrenstraße with a gradient of 22 percent. Hermann Löns and the Harzclub of Hanover supposedly organised the first winter games with competitions on skis here in 1896. – The nearby Oder lake close to Oderbrück, in the national park of Oderbrück, is not as innocent as it appears. Snowballs are served even in summer in the guest house, located at an altitude of 781 metres. They are made of cream, though...

Avec une altitude située entre 600 et 900 m, cette ville est la plus haute de la région du Harz. De plus, la route Herrenstraße, qui accuse une pente de 22 pour cent, est la route la plus escarpée d'Europe. Hermann Löns et le club du Harz de la ville d'Hanovre furent les initiateurs de la fête des sports d'hiver ayant eu lieu pour la première fois en 1896, où furent organisés des courses à skis. – Même s'il en donne l'apparence, le lac Oderteich, situé aux alentours d'Oderbrück dans le parc national, nous induit en erreur car on lui donnerait le Bon Dieu sans confession.

Goethe hat den Brocken im Mondlicht gezeichnet, 1777, da sah er auch so kahl aus, aber das lag wohl am Licht. 28 Jahre lang hat man von Braunlage „nach drüben" geguckt, sah Grenzanlagen und Wachtürme, verordneten Kahlschlag und Beton wohl, aber das konnte man nicht so genau erkennen. Jetzt ist die Rundmauer um die „Spionage-Kuppe" weg, stattdessen führt ein Wanderweg herum. Die Natur soll sich wieder – im National-park – erholen. Manche gehen jedes Jahr hinauf, nachsehen, wieweit sie nun schon wieder ist.

Goethe drew the Brocken in the moonlight in 1777. It looked very bare, but that was probably due to the light. For 28 years people in Braunlage looked at the East German watch towers, the border protection, the ordered deforestation, and what was probably concrete; it was hard to tell. The wall surrounding the "spy hilltop" has now vanished and made way for a footpath leading all around. In this national park, nature is supposed to recuperate. Every year some people scale the mountain to check how it's doing.

Lorsque Goethe dessina le Brocken au clair de lune en 1777, le massif donnait l'impression d'être dépourvu de toute végétation. Mais ceci était probablement dû au manque de luminosite. Pendant 28 ans, les gens ont regardé au-delà de la frontière depuis Braunlage. Bien que la vue n'était pas assez bonne, on pouvait quand même reconnaître les postes de frontière, les tours de surveillance, des coupes à blanc-étoc et du béton bien ordonnés. Maintenant, le mur circulaire et la tour d'espionnage ont disparu, on y trouve un chemin de randonnée.

Gipfeltreffen auf dem Wurmberg, das ist harmloser als es klingt. Der Große Wurmberg (972 Meter) war wie der Achtermann (926 Meter) einfach Hausberg der Braunlager, als der Brocken nicht erreichbar war, und so bleiben sie ihm treu. Das Gipfeltreffen ist eine Wanderung mit Gottesdienst, und im Sommer gibt es Skispringen, allerdings auf Mattenschanzen, denn so kalt wie auf dem Brocken ist es hier oben nie. 17 Minuten braucht man mit der Seilbahn hinauf. Früher haben manche von hier aus die Grenzstreifen drüben fotografiert.

The meetings at the summit are lot more harmless than they sounds. The Große Wurmberg (927 metres) and the Achtermann (926 metres) were the mountains that the people of Braunlage considered theirs, during the period that the Brocken was not accessible to them. And the people are faithful. The meetings at the summit consist of a walk and a church service and in summer there is even ski-jumping with jumps made of mats, because it never gets as cold here as it does on the Brocken. The cable car takes 17 minutes to reach the top.

Les rencontres au sommet du Wurmberg sont tout à fait inoffensives. Comme l'Achtermann (altitude de 926 mètres), la lourde bosse boisée du Wurmberg (altitude de 972 mètres) fut la montagne des habitants de Braunlage aussi longtemps que le Brocken resta inaccessible. Et depuis, ils lui sont restés fidèles. Le Gipfeltreffen (rencontre au sommet) est une randonnée avec office religieux. En été, on peut y effectuer des sauts de ski, néanmoins sur des tremplins à natte car, contrairement au Brocken, il n'y fait pas aussi froid.

Man sieht es: Die Ilse plätschert und plappert wie zu Goethes Zeiten, nichts scheint sich in Jahrhunderten verändert zu haben. Moosweiche Wanderwege führen den Fluß entlang, so daß manchen Westler nach der Wiedervereinigung im Nachhinein der Neid auf ach so schöne Wanderwege packte. Die Bekanntschaft mit der Harz-Natur begann für manche Westkinder mit dem Umrunden der Oker-Talsperre, der in den 50er Jahren der Ort Schulenberg zum Opfer fiel: Da konnte man immer nach dem - nie vorhandenen- Kirchturm spähen.

Nothing seems to have changed for centuries, with the Ilse splashing and chattering as it did to Goethe's times. Soft paths, covered by moss, lead alongside the river. Some West Germans had trouble hiding their envy when they saw the ever so beautiful footspaths, that had been withheld from them for so long. Some of the children in West Germany first got to know the Harz, by walking around the Oker dam, for which the town of Schulenberg had to make way. People always keep their eyes peeled to see if they can spot the church tower, that never existed.

L'Ilse murmure et susurre comme au temps de Goethe. Il suffit de la regarder pour constater qu'au bout de plusieurs siècles rien n'a changé. Des chemins de randonnée mousseux longent le fleuve. Après la réunification, certains allemands de l'Ouest éprouvèrent tout d'un coup des sentiments de jalousie en découvrant ces chemins de randonnée dont ils ignoraient la splendeur jusqu'à présent. Un grand nombre de jeunes allemands de l'Ouest découvrirent les paysages du Harz en commençant d'abord par flâner le long du barrage de l'Oker.

Der schönste Teil des Oberharzes liegt mit dem Okertal zwischen Oker-Waldhaus und Waldhaus Romkerhalle. Erst 1817 wurde die Alte Harzchaussee angelegt, die jetzige Talstraße 50 Jahre später. Granit, zu grandiosen Klippen geformt, Blöcke, die im Flußbett liegen, herausgewitterte Kalksteine, durch die man den Himmel sieht, und Sandstein, zu Märchenfiguren geschliffen, überraschen Wanderer und Kanufahrer gleichermaßen. Waldkiefern wachsen hier, und manchmal sieht man Wasseramseln.

The area between Oker-Waldhaus and Waldhaus Romkerhalle, where the Oker valley lies, is one of the most beautiful parts of the upper Harz. The old Harzchaussee was laid down in 1817, fifty years before the current road through the valley. Hikers, as well as canoeists, are taken aback by the grand granite cliffs, the blocks that lie in the river bed, the limestone, through which you can see the sky, and the sandstone, polished to fairytale figures. Pine trees grow here, and occasionally you can see a water ouzel.

Outre la splendide vallée de l'Oker, la section la plus jolie du Haut Harz s'étend entre Oker-Waldhaus et Waldhaus Romkerhalle. L'ancienne route du Harz fut seulement construite en 1817; la route de la vallée, quant à elle, 50 ans plus tard. Les rochers de granit, sculptés en forme de klippe, les blocs rocheux, reposant au fond du fleuve, les pierres calcaires fissurées reflétant le ciel et le grès polis en forme de personnages de conte surprennent tout aussi bien les randonneurs que les kayakistes. Parmi la flore et la faune, on y trouve des pins et l'on rencontre parfois des merles d'eau.

Nördlich des Okerstausees beginnt das Wanderparadies für jedes Alter und unterschiedliche Schwierigkeitsgrade, entsprechend bevölkert sind die Wege. Hier gibt es Treppenstein und Adlerklippen, Hänge und Sättel im Gebirge, den Abstieg über eiszeitzeitliche Blockmassen des Teufelstales. Wer in der Erdgeschichte zu lesen vermag, freut sich an Spuren im Sedimentgestein, die von Hitze und Magmaeinwirkung erzählen, von mitteldevonischem Tonschiefer und oberdevonischem Kalkstein.

A true paradise for hikers of all ages and abilities, lies to the north of the Oker-dam. Here you can find stairs of stone and cliffs with eagles, slopes and saddles in the landscape, and a descent over block masses from the Ice Age into the valley of the devil. If you care to read a little about the earth's history, the sedimentary rock tells us about the influences of magma and heat, and about middle Devonian slate and upper Devonian limestone.

Le paradis des randonneurs commence au nord du barrage de l'Oker. Grands et petits peuvent s'adonner aux activités de leur choix car les chemins y offrent des agréments divers. Ici, on y trouve des escaliers de pierre et des klippes où nichent des aigles, des pentes et des croupes dans les montagnes et on peut descendre des multitudes de blocs rocheux. Ceux qui souhaitent s'initier à la géologie, se réjouiront de découvrir des traces de roches sédimentaires, qui les informeront des effets du magma et de la chaleur. Ils tomberont également sur du schiste argileux.

ROMKERHALL-WASSERFALL

Aus 60 Metern Höhe tost ein - künstlicher - Wasserfall zu Tal. Aber sonst ist nichts, was man sieht, zur Freude der Fremden geschaffen. Der Okerstau hatte praktischen Sinn, und die Verlobungsinsel mit der vielfotografierten Brücke hat wohl der Volksmund so genannt. Am Wasserfall vorbei kommt man durch das Kleine Romketal, man kann aber auch am Wasserfall bis zur Aussichtsplattform und nach Osten wandern, wo Namen wie Mausefalle und Hexenküche die Schwierigkeiten schon andeuten.

ROMKERHALL WATERFALL

The artificial waterfall roars to the valley from 60 metres up. But that is also the only thing that was installed for the pleasure of the visitors. The Oker dam was built for practical reasons. The people affectionately call the island with it's often photographed bridge, the Verlobungsinsel, the Engagement Island. You can either walk past the waterfall through the Romke valley or you can walk to the lookout platform and continue east, where the names of the paths, such as Mausefalle (mouse-trap) and Hexenküche (witch's kitchen), make the difficulty all to apparent.

CASCADE DU ROMKERHALL

Une cascade artificielle d'une hauteur de 60 mètres effleure la vallée. A part cela, ce site n'offre pas d'autres curiosités destinées à charmer les visiteurs. Le barrage de l'Oker fut construit dans un but précis et l'île des fiançailles (Verlobungsinsel), dont le pont attire tant de photographes, doit son nom aux habitants. En passant par la cascade, on arrive à la vallée de Romke. En quittant la cascade, on atteindra également une plate-forme permettant d'embrasser les vues les plus diverses. En se dirigant vers l'est, on découvrira les noms de pièges à souris et on pourra déguster de la cuisine de sorcières.

OKERTAL — Feigenbaum-Klippe

Steil steigen die Granitklippen an, in Jahrmillionen zu namenlosen Gebilder oder Märchenfiguren verwittert. Sie dienen nicht nur Bergsteigern als Trainingsgebiet. Steil geht es auch hinauf zur Feigenbaumklippe oder -kanzel, wo die schöne Aussicht schon die Mühe lohnt. Noch ein Stückchen weiter, und hinter den Kästeklippen werden alle, die durchgehalten haben, bei gutem Wetter mit einem außergewöhnlich schönen Blick auf der Brocken belohnt. Schon beginnt wieder der Abstieg, um Huthberg und zum Treppenstein.

OKER VALLEY — Fig tree Cliffs

Over millions of years, the granite cliffs have been formed into nameless figures and fairytale characters by the influences of the weather. They are not just a training ground for mountain climbers. The ascent to the Feigenbaumklippe or to the Feigenbaumkanzel is steep, but the beautiful view is worth the effort. A little further on, behind the Käste cliffs, those who made it, are rewarded with a magnificent view of the Brocken. The descent leads around the Huthberg and to the stone stairway.

Vallée de l´Oker — Klippe du Figurier

Les klippes de granit, escarpées et érodées au bout de millions d'années, ressemblent à des peintures anonymes ou à des personnages de contes. Tout le monde peut en profiter et pas seulement les escaladeurs qui en ont fait leur terrain d'entraînement. La montée en direction de la klippe abrupte du Feigenbaum ou du Feigenbaumkanzel, bien qu'astreignante, vaut vraiment le détour car, là-haut, on aura une vue splendide. Un peu plus loin, tous ceux qui auront su atteindre la Kästeklippe seront récompensés par une vue unique et magnifique sur le Brocken.

◁ BAD HARZBURG

Es gibt Reste einer Burg, die auf Heinrich IV. zurückgeht. Herzog Julius von Wolfenbüttel begründete mit sprudelnder Sole eines der ältesten Heilbäder der Region, und so ist Bad Harzburg liebenswert altmodisch, mit Spielbank, Kurpark und Märchenwald für die Kleinen.

◁ BAD HARZBURG

There are remains of a castle that go back to Henry the IV. Duke Julius of Wolfenbüttel founded one of the oldest medicinal baths of the region. Harzburg is adorably old fashioned with it's casino, spa gardens and a fairytale wood for the little ones. It appears modest, yet distinguished.

◁ BAD HARZBURG

On y trouve les ruines d'un château fort datant de l'époque où vécut Henri IV. Le duc Julius de Wolfenbüttel bâtit l'une des plus anciennes stations thermales de la région où jaillissent des eaux salines pétillantes. La ville de Bad Harzburg est à la fois surannée et accueillante.

RADAU-WASSERFALL

Eine vielbefahrene Bundesstraße hat die Ruhe erheblich gestört. Der Radau-Wasserfall, ein 1859 umgeleitetes Flüßchen, vermag mit seinem 23 Meter-Sturz den Verkehr kaum zu übertönen.

RADAU WATERFALL

But a Federal Road put an end to the peace and quiet. Not even the 23 metres high Radau waterfall, a small river diverted in 1859, can drown the noise of the traffic.

CASCADE DE RADAU

Une route fédérale très fréquentée a considérablement troublé le calme. La cascade de Radau, où se déversent des chutes d'eau de 23 mètres, était à l'origine un petit fleuve dérivé en 1859. Cependant elle est peu à même de couvrir le bruit de la circulation.

Wasser, Steine, Farn, nur Elend? Keineswegs, der kleine Ort am Fuße des Wurmbergs war als Grenzort bis zur Wende von allen Seiten unzugänglich, aber lieblich liegt er im Tal. Seinen Namen gaben ihm Mönche auf der Pilgerreise von Ilsenburg nach Rom. Hier waren sie bereits im eli endi, im fremden Land. – Die Schnarcherklippen gehören bereits zur Schierker Terrain im Tal der Kalten Bode. Bäume wurzeln in den Ritzen des schlanken Steinturms in luftiger Höhe, während andere Steine noch so dünnen Wurzeln keine Chance bieten.

Elend means misery in German. But the water, the stones and the ferns in this charming valley clearly show, that the name of the town was not chosen wisely. The small town at the foot of the Wurmberg was a border town until the reunification and inaccessible from all sides. Monks gave the town it's name, as they were on a pilgrimage from Ilsenburg to Rome. Here they were already in eli endi, in foreign country. – The Snorer cliffs are a part of the Schierker Terrain in the valley of Kalten Bode. High up, trees have their roots in the cracks of the slim tower.

Les eaux, les pierres, les fougères sont-ils vraiment synonymes de misère ? En aucun cas. Ce petit endroit, situé au pied du Wurmberg et ancienne zone frontalière, demeura inaccessible de tous côtés jusqu'à l'ouverture du mur. Son nom il le doit à des moines qui étaient partis en pélerinage d'Ilsenburg à Rome. Ici, ils se trouvaient déjà en eli endi, en terre étrangère. – Les klippes, portant le nom de Schnarcherklippen, font partie de la localité de Schierke située dans la vallée de la Kalte Bode. Les arbres sont enracinés dans les fentes de l'étroite tour de pierre.

1950 noch fanden in Schierke die DDR-Meisterschaften in sämtlichen Wintersportarten statt, dann war der „Kurort der Werktätigen" nur noch mit Passierschein zugänglich, und seit der Wende versucht Schierke, im Nationalpark gelegen, vergeblich, an ruhmreiche Zeiten anzuknüpfen. Noch früher waren die Menschen hier Holzfäller und Köhler und verdienten sich ein Zubrot als Brockenführer. Wenigstens daran läßt sich anknüpfen. Der Bahnhof der Brockenbahn lockt mit Buden, Bauden und Harzhexen zu längerem Aufenthalt.

Schierke hosted the East German winter games in 1950. After that, the "health resort for the working people", as it was called, was only open to bearers of permits, and ever since the reunification, Schierke has been trying to tie on to it's more popular days. In the old days, people here were still lumberjacks and charcoal burners and earned a bit on the side as guide for visitors to the Brocken. That is one thing they can still tie on to. The stands, stalls and the Harz-witches at the Brockenbahn train station are worth a visit.

Les championnats de sports d'hiver de RDA eurent lieu à Schierke jusqu'en 1950. Cet endroit devint par la suite la station thermale des «ouvriers» et n'était accessible qu'avec un laissez-passer. Depuis la réunification, la ville de Schierke, située à proximité du parc national, s'efforce vainement de renouer avec les temps glorieux. Les gens qui vivaient ici auparavant étaient des bûcherons et des charbonniers. Ils se faisaient un gagne-pain en travaillant comme guide dans la région du Brocken. Cet aspect nous rapproche au moins des temps glorieux.

Was für ein Glück! An 300 Tagen im Jahr ist der Gipfel des 1142 Meter hohen Berges verhüllt, der Wanderweg endet im Wolkenmeer. Um so schöner und weiter die Aussicht an solchen Tagen. Der ehemalige Brockenwirt Eduard Nehse hat bei guter Fernsicht 89 Städte und 668 Dörfer im Umkreis zählen können, heißt es, hat jeden Ort zwischen Hannover und Leipzig ausmachen können. Leise Zweifel seien gestattet, aber was macht das schon, der Ausblick ist überwältigend, selbst wenn man die fernen Wolken nicht für Alpen hält.

What luck! On 300 days per year the 1142 metres high mountain is overcast, the path leading into a sea of clouds. The view is all the more beautiful on days like these. It is said, that the old Brocken-landlord Eduard Nehse counted 89 towns and 668 villages on clear days, every town between Hannover and Leipzig. Many have doubted this, but, regarding the overwhelming view, it's quite irrelevant. Even if the distant clouds are not the Alps.

Quel bonheur ! Le massif du Brocken, qui avec une altitude de 1142 mètres représente le massif le plus élevé du monde, est voilé 300 jours par an. On raconte que l'ancien aubergiste Eduard Nehse pouvait apercevoir 89 villes et 668 villages à la périphérie lorsque la vue était dégagée et qu'il pouvait nommer tous les endroits situés entre les villes de Leipzig et d'Hanovre. Ces déclarations rendent certes sceptique mais cela n'a pas trop d'importance car la vue qui s'offre depuis le Brocken est vraiment impressionnante même si l'on ne confond pas les nuages éloignés avec les alpes.

13,3 Millionen Kubikmeter Wasser, gestaut, um Goslar, Oker, Braunschweig und Wolfsburg mit gutem Trinkwasser zu versorgen. 1938 schon mit einer 226 Meter langen und 57 Meter hohen Schwergewichtsmauer umgeben. Das weiße Gestein am östlichen Talsperrenuferweg ist Eckergneis, der durch seine Färbung im vorherrschenden Granit besonders auffällt. Es wird angenommen, daß es sich um das älteste Harzgestein überhaupt handelt, bei einer frühen Gebirgsbildung schon nach oben gepreßt.

13,3 million cubic metres of water are damned up here, in order to provide Goslar, Oker, Braunschweig and Wolfsburg with clean drinking water. The huge, 226 metres long and 57 metres high, wall was erected in 1938. The white rock on the east of the dam is acorn gneiss. Between the predominating granite, it is easily visible by it's colour. It is assumed, that it may be the oldest Harz stone ever, pressed to the surface during an earlier period of mountain formation.

Ce lac de retenue, ayant un plan d'eau de 13,3 millions de mètres cube, alimente les villes de Goslar, d'Oker, de Braunschweig et de Wolfsburg en bonne eau potable. En 1938, il fut déjà clôturé d'un mur à poids considérable ayant 226 mètres de largeur et 58 mètres de longueur. La roche blanche, située à l'est du chemin sur berge du barrage et qui saisit fortement de par sa couleur tapissant le granit dominant est du gneiss. On suppose qu'il s'agit du plus ancien rocher du Harz qui fut pressé en hauteur lors d'une ancienne orogénèse.

In Wernigerode kann die Fahrt mit der fast hundert Jahre alten Schmalspurbahn beginnen. Auf einer Spurweite von einem Meter schnauft die alte Dame ganz behende in die Berge, lehnt sich auf 14 Kilometern mutig in 70 Kurven und hat keine Mühe, sogar eine Haarnadelkurve mit einem Radius von 60 Metern zu bewältigen. Gut, gelegentlich nimmt sie das Tempo zurück, so daß man die sprichwörtlichen Blumen pflücken kann. Immerhin macht sie den Brockenaufstieg leicht.

The trip in the almost one hundred year old narrow-gauge railway starts in Wernigerode. On a track gauge of one metre, the old lady huffs and puffs nimbly through 70 bends and has no difficulties taking a hair pin curve with a radius of 60 metres. Well, sometimes it does slow down, so that you can almost pick the flowers, but it does make the ascent of the Brocken a lot easier.

A Wernigerode, on a l'occasion de prendre le train à vapeur déjà presque centenaire. Disposant d'une voie d'écartement d'un mètre, l'antique train à vapeur respire de façon soutenue en direction des montagnes, accomplit avec bravoure un trajet de 14 kilomètres comprenant 70 virages et n'éprouve aucune difficulté à surmonter un virage en épingle à cheveux de 60 mètres. Il ralentit certes de temps à autre mais nous donne ainsi l'occasion d'aller cueillir des fleurs à proximité. Il nous facilite néanmoins l'ascension en montagne.

Ein Schloß wie aus Eis geschnitzt, und die weißen Gestalten im Vordergrund, das werden die Untertanen sein, nur gekommen, einer verborgenen Schneekönigin zu huldigen - man weiß ja nie genau, was sich auf dem Brocken tut, zu groß ist die Zahl der Legenden und Märchen. Goethe hat ihn im „Faust" zwar zum literarischen Ort gemacht, an dem Hexen und Teufel sich zu Orgien vereinen, aber das hält man erst für möglich, wenn die weiße Pracht getaut ist und der Wind mit isländischen Temperaturen die Bäume beugt.

A castle carved out of ice, and those white figures in front, must be underlings, come to pay homage to a hidden snow queen. You can never be too sure on the Brocken, regarding the amount of fairytales and legends. Goethe made it a literary scene in "Faust", where witches united with the devil to celebrate orgies, but that is hard to believe, until the snow thaws and the freezing wind bends the trees.

Un véritable château de glace et les silhouettes en avant-plan sont probablement les sujets venus rendre hommage à la reine des neiges reposant à l'abri. Etant donné qu'un grand nombre de légendes et de contes circulent sur le Brocken, on ne sait pas ce qu'il s'y passe vraiment. Goethe en a certes fait un lieu littéraire avec la scène de Faust dans laquelle des sorcières sont accusées d'avoir participé à des orgies démoniaques mais on pourra y croire qu'à partir du moment où l'éclatante splendeur aura fondu et le vent inclinera les arbres dès que les conditions climatiques seront les mêmes qu'en Islande.

Eine radelnde Hexe, den Besen im Gepäck, führt zum „Radwanderweg 1“. Oder man geht zu Fuß, „Blochhauer“ heißt der Wanderpunkt, der unterschiedliche Wege ausweist, natürlich auch den zum Brocken, von der Ilse plätschernd begleitet. Der Ort allerdings ist nach Elysine benannt, und das ist das alte deutsche Wort für Erle. Reste eines alten Schlosses gibt es, ein Klostergebäude, die spätbarocke Plessenburg, ein Jagdhaus. Metall wurde verhüttet. Nichts davon ist hier aber so attraktiv wie die Landschaft.

A witch on a bike, with her broom in her luggage, leads to the “Radwanderweg 1”. You can also follow the trail called “Blochhauer” on foot if you wish. The path leads to different destinations, the Brocken naturally being one of them, where you are accompanied by the splashing of the Ilse. The town is named after “Elysine”, the old German word for alder. There are remainders of an old castle, a monastery, a hunting lodge and the late baroque Plessenburg to be admired. But, nothing can compare to the scenery.

En suivant le panneau où figure une sorcière à bicyclette avec un balai dans son porte-bagages, on atteindra le chemin touristique pour cyclistes n°1 («Radwanderweg 1»). On peut également y aller à pied. Le plan d'orientation, sur lequel sont schématisées les diverses directions empruntables, s'appelle «Blochhauer». L'endroit porte le nom d'Elysine qui n'est rien d'autre que l'ancien terme allemand signifiant aulne. On y trouvera également les ruines d'un ancien château, une abbaye, le château de Plessen de style baroque tardif et un pavillon de chasse.

Ein Jungfrauenkloster, heißt es in alten Büchern, wurde 877 gegründet, in neueren heißt es Damenstift. Eine sehr schöne romanische Basilika steht im Mittelpunkt, am Ende der DDR-Zeit noch vor dem Verfall bewahrt. Sie stellt die späteren Ergänzungsbauten, so das Äbtissinnenhaus, in den Schatten. Eine außerordentliche Leinenstickerei gehört zu den Kostbarkeiten im Besitz, bilblische Szenen, in 21 Felder gestickt. Die siebenstämmige Linde im Innenhof ist mit 270 Jahren auch uralt.

In the olden days the convent, founded in 877, was called Jungfrauenkloster. Today it is called Damenstift. A very nice basilica stands in the middle, saved from decay just before the reunification. It puts the later complementary buildings, such as the abbess' house, in the shadow. One of the treasures of the convent is an extraordinary embroidery, with biblical scenes in 21 fields. The 270 year old lime tree in the inner courtyard, with it's seven trunks, can be considered ancient.

Le couvent des religieuses, nom figurant dans les anciens recueils, fut fondé en l'an 877. Aujourd'hui il s'appelle couvent de dames. Au cœur de la localité, on trouvera une magnifique basilique romane qui échappa au délabrement juste avant la réunification. Elle cache les édifices construits ultérieurement tel que le couvent. Une tapisserie remarquable, sur laquelle sont représentées des scènes bibliques sur 21 cases, fait partie des objets précieux du couvent. Dans la cour intérieure, on apercevra un tilleul à sept troncs âgé de 270 ans et qui remonte, ainsi, à la plus haute antiquité.

Wernigerode ist eine hübsche Fachwerkstadt, einst günstig im Schnittpunkt mehrerer Handelsstraßen gelegen, von Industrie umgeben - Ziegeleien, Spirituosenfabriken, Holz- und Metallverarbeitung - , zum Alterssitz für betuchte Beamte erkoren, und sie hat ein Schloß. Ein Märchenschloß ganz offensichtlich, 1121 schon vorhanden und den Rheinburgen nachempfunden, in gemischten Stilen umgebaut. Die Grafen von Wernigerode und Stolberg haben es bewohnt - bis zum Bankrott 1930. Der Besucheransturm war immer groß.

The pretty half-timbering town, that once lay on the intersection of several trading routes, surrounded by industries, such as brickworks, spirit factories and wood and metal processing industries, has a castle. It is also a preferred place for well-to-do civil servants to spend their retirement. This fairytale castle, built in 1121 and based on the castles along the Rhine, was rebuilt in different styles. The Counts of Wernigerode and Stolberg resided here - until bankruptcy came in 1930. There have always been a lot of visitors.

Située autrefois au point d'intersection de plusieurs voies commerciales autour d'une zone industrielle regroupant briquetteries, fabriques de spiritueux, industries de travail du bois et industries métallurgiques, cette splendide ville, rassemblant un ensemble de maisons à colombages, possède un château. Il ressemble sans aucun doute à un château de fées. Construit dans de différents styles, ce château, rappelant ceux entourant le Rhin, existait déjà en 1121. Les comtes de Wernigerode y résidèrent jusqu'en 1930 à l'époque où ils firent faillite. Il attirait toujours de nombreuses foules.

Ratskeller
Hasseröder
Hasseröder
Hasseröder

Ein Bilderbuchrathaus, das seine heutige Gestalt mit Erkertürmen und Walmdach erst durch einen Umbau im 15. Jahrhundert bekam. Es lohnt sich genau hinzusehen: 33 Narren, Geistliche, Tänzer und Musikanten - es war einmal Spielhaus für Feierlichkeiten jeder Art. – Ein bizarrer Sandsteinkamm? Die Teufelsmauer ist ein Mauerrest, aus der Zeit, als Gott und Teufel die Erde aufteilen wollten. Dem Teufel sollte gehören, was er bis zum ersten Hahnenschrei umschließen konnte. Der kam eben plötzlich...

A picture book town hall, that received it's current appearance, with oriel towers and hipped roof , during renovations in the 15th century. It's worth a closer look: 33 jesters, clergymen, dancers and musicians. It used to be a game house for all kinds of feasts. – A bizarre sandstone ridge? The Teufelsmauer (Devil's Wall), that is what is left, from the time, when God and the devil wanted to divide the world up between them. The devil was to get everything he could embrace before the first cockcrow. And the first cockcrow came suddenly.

Cet hôtel de ville, ayant l'aspect d'un livre d'images, fut reconstruit au 15ème siècle et paré de tours en encorbellement et d'un toit en croupe. Sa visite est vivement recommandée. On pourra y admirer des bouffons, des ecclésiastiques, des danseurs et des musiciens. Il fut jadis une maison de jeux où eurent lieu des festivités de tout genre. – Le mur du diable ne ressemble-t-il pas à une crête de grès? Les ruines de ce mur remontent à l'époque où Dieu et le diable voulaient se partager la terre. Le diable devait en hériter une partie qu'il pourrait encercler jusqu'au premier chant du coq. Et soudain, il apparut.

Eine imposante Ruine auf steilen Sandsteinfelsen. Man kann den früheren Grundriß noch erkennen. Seit Jahrhunderten ist man hier froh, daß das Geschlecht der Grafen von Regenstein ausgestorben ist, gehörten sie doch zu den besonders frechen Wegelagerern, unter deren Raubzügen die ganze Umgebung litt. Einige ihrer imposanten Grabsteine kann man in der Blankenburger Bartholomäikirche besichtigen, und ihre alte Burg ist heute einfach Spielplatz.

An imposing ruin on the top of a steep sandstone cliffs. You can make out the former outline. The people here have been glad for centuries, that the house of the Count of Regenstein has died out, seeing as they were exceptionally cheeky highwaymen, who committed their series of robberies in the entire surrounding area. Some of their imposing tombstones can be seen in the Blankenburger Bartholomäikirche, and their old castle is now a playground.

Cette imposante ruine repose sur des rochers de grès abrupts. On peut distinguer l'ancien plan d'ensemble. Depuis que la lignée des comtes de Regenstein s'est éteinte, il y a quelques siècles de cela, les habitants y mènent une vie paisible. Les comtes de Regenstein, qui s'adonnaient à des expéditions criminelles, étaient des voleurs effrontés de grand chemin qui terrorisaient la région entière. Remarquer les quelques imposants sépulcrales familiaux dans l'église St-Barthélémy (Bartholomäikirche) à Blankenburg. L'ancien château est aujourd'hui un terrain de jeux.

Zuschauer und moderne Ritter - in einer Kluft, die das Mittelalter wieder lebendig werden läßt - genießen heute cen weiten Blick ins Land. Das Geheimnis der Burg Regenstein ist das gleiche wie das anderer Harzburgen, deren Bewohner zu Recht Rache fürchteten: Sie sind für den Besucher erst sehr spät auszumachen. Auf Regenstein mußten Bauern und Handwerker die Gemächer praktisch wie Räuberhöhlen in den Felsen hauen. Mit etwas Phantasie kann man sich das damalige Burgleben noch vorstellen.

Today, spectators, as well as modern knights, dressed in medieval costumes, enjoy the spectacular view. It is very difficult for most visitors to make out the secrets of the castles in the Harz. Farmers and craftsmen in Regenstein had to make their own living quarters. They dug into the rock and lived in caves. You can still picture how life in the castle must have been, if you use your imagination. Careful, it can become dangerously slippery when it rains.

Spectateurs et chevaliers des temps modernes pourront replonger au Moyen Age en assistant aux tournois médiévaux qui se tiennent dans un précipice offrant une vue très dégagée sur la région. Les visiteurs mettront du temps à dévoiler les mystères qui entourent aussi bien le château fort de Regenstein que les autres châteaux du Harz. A Regenstein, les paysans et les artisans étaient contraints de fracasser les rochers pour y ériger les appartements du château ayant surtout l'aspect de repaires de brigands. Avec un peu d'imagination, on pourra se représenter la vie à la cour d'autrefois.

◁ BODETAL bei Thale

Im Laufe der Jahrtausende haben sich im Bodetal Formen gebildet, wie man sie sonst nirgends im Harz findet. Gewaltige Naturkräfte haben zwischen Thale und Treseburg ein Kleinod hinterlassen, das seines gleichen sucht.

◁ BODE VALLEY near Thale

In the Bode valley shapes have been formed throughout the centuries, that can't be found anywhere else in the Harz. Extreme natural forces have left a jewel between Thale and Treseburg, that lacks comparison.

◁ LA VALLEE DE LA BODE près de Thale

Au cours des siècles, des formes se sont modelées dans la vallée de la Bode. Ces concrétions sont les seules que l'on rencontre dans la région du Harz. Entre Thale et Treseburg, on découvrira de splendides joyaux, résidus du déchainement des forces naturelles qui cherchent leurs semblables.

KLOSTER MICHAELSTEIN

1525 stürmten aufständische Bauern das Zisterzienserkloster, dann wurde es säkularisiert. Die Kirche gibt es nicht mehr, aber eine bemerkenswerte Instrumentensammlung, und Freunde alter Musik erleben hier die bezauberndsten Konzerte.

CONVENT MICHAELSTEIN

Rebellious farmers stormed the Cistercian convent in 1525, and it was later secularised. The church doesn't exist anymore, but a remarkable collection of instruments has remained, and friends of old music can experience the most magical concerts here.

ABBAYE MICHAELSTEIN

En 1525, des paysans rebelles assaillirent l'abbaye des cisterciens qui fut par la suite sécularisée. Bien que l'église ait disparu, l'abbaye abrite cependant une remarquable collection d'instruments de musique. Les nostalgiques de musique ancienne auront l'occasion de pouvoir assister à de sublimes concerts.

Die schöne Königstochter Brunhilde war hier hoch zu Roß unterwegs und sah sich gezwungen, vor dem wilden Böhmenkönig Bodo zu flüchten. Man kann sich ihr Erschrecken vorstellen, als das Pferd vor einer Schlucht scheute. Sie gab ihm die Sporen, es flog über den Abgrund und erreichte das andere Ufer. Man kann den Abdruck des Pferdehufes natürlich genau erkennen. Bodo stürzte in die Schlucht, nach ihm wurde der Fluß benannt, den er als Hund seitdem bewacht.

It was here, that the beautiful king's daughter Brunhilde had to flee from the wild Bohemian king Bodo on her horse. You can imagine her fright, when her horse shied away from a ravine. She spurred the horse, and it flew over the abyss and reached the other side. You can clearly see the hoofprint. Bodo fell into the ravine, and has guarded the river, that carries his name, ever since.

Lors d'une ballade à cheval, la jolie princesse Brunhilde croisa le brutal roi de Bohême Bodo auquel elle voulut échapper. On peut s'imaginer la frayeur qui s'empara d'elle lorsque son cheval pris son mors au dents en voyant le précipice. Elle éperonna sa monture et son cheval sauta au-dessus du précipice et atteint l'autre extrémité. On peut facilement reconnaître les empreintes laissées par les sabots de son cheval. Bodo tomba dans le ravin et, depuis, le fleuve porte son nom. La légende raconte qu'il fut transformé en un chien et qu'il veille, depuis, sur le ravin.

In einer kleinen Basilika, die zur Grabkirche erweitert wurde, ist Heinrich I. 936 hier beigesetzt worden. Seine Witwe Mathilde ließ sie umbauen, aber erst Heinrichs Enkelin, die Äbtissin Mathilde, veranlaßte den Neubau in heutiger Größe. Heute sehen wir einen Neubau von 1129. Seit September 1993 ist auch der berühmte Domschatz wieder da. Ein Offizier der US-Army hatte ihn 1945 in Höhlen gefunden und nach Hause nach Texas geschickt. Für 4,5 Millionen „Finderlohn" kamen Reliquien, Krönchen und Evangeliar zurück.

Henry I lies buried here, in a small basilica with a graveyard. His widow Mathilde had the basilica renovated, but it was Henry's granddaughter, the abbess Mathilde, who had it built to it's current size. What you see today, was rebuilt in 1129. In 1993, the cathedral's treasure was returned. An officer of the US-Army had found it in some caves in 1945, and had let it be shipped to his home in Texas. For a "reward " of 4.5 million, relics, crowns and religious artefacts were once again returned to their rightful place.

C'est dans une petite basilique, dans laquelle on érigea un funéraire, que fut inhumé Henri 1er en l'an 936. Sa veuve Mathilde la fit reconstruire. L'abesse Mathilde, nièce de Henri 1er, décida cependant d'agrandir cet édifice. Aujourd'hui on peut admirer cette nouvelle construction qui remonte à l'an 1129. La basilique récupéra son trésor qu'un militaire de l'armée américaine découvrit dans plusieurs grottes en 1945 et qu'il fit expédier dans son pays natal au Texas. Reliques, petites couronnes et évangiles rejoignirent leur domicile en échange d'une somme de 4,5 millions.

Mit mehr als tausend Fachwerkhäusern, 330 unter Denkmalschutz, ist Quedlinburg neben Goslar die historisch bedeutendste Stadt im Harz. Sie erhielt 1995 UNESCO-Status, aber knappe Kassen führen dazu, daß manch Erhaltenswertes verfällt. Am Finkenherd, unterhalb des Schloßplatzes, damals nur eine Wiese, soll Herzog Heinrich 919 geruht haben, als eine Abordnung fränkischer und schwäbischer Fürsten angeritten kam, ihm die deutsche Königskrone anzutragen. Die Historiker sagen, das sei nur eine Legende.

Next to Goslar, Quedlinburg is, with over one thousand half-timbered houses, 330 of which are historical monuments, the most important historical town in the Harz. The town achieved UNESCO-status in 1995, but money shortage has let some treasures worth maintaining slowly dilapidate. Duke Henry was, allegedly, resting beneath the castle square, that was merely a lawn back then, when a delegation of Franconian and Swabian dukes came riding up, to hand him the German crown. Historians say, that this is just a legend.

Quedlinburg, qui abrite plus d'un millier de maisons à colombages dont 330 sont classées monuments historiques, est, avec la ville de Goslar, l'une plus importantes villes à patrimoine culturel de la région du Harz. L'UNESCO la classa monument historique en 1995. A une époque où les caisses de l'état sont vides, certains monuments historiques tombent malheureusement en ruines. Au Finkenherd, situé en bas de la place du château (Schloßplatz), on prétend que le duc Henri y avait fait halte en l'an 919.

Das Quedlinburger Rathaus wurde im 14. Jahrhundert an den wohl damals schon großzügigen Marktplatz gestellt. Seine heutige Gestalt mit dem schönen Renaissanceportal erhielt es allerdings erst bei einem Umbau 1616. – Das Städtchen Gernrode ist idyllisch über mehrere Hügel verstreut, und auf einer Anhöhe liegt eines der schönsten erhaltenen Beispiele ottonischer Baukunst. Es wird der Kaiserin Theophano zugeschrieben, die sich 973 und 978 in Quedlinburg aufhielt.

The town hall of Quedlinburg was built on the market square in the 14th century. The marketplace was rather large, even then. The beautiful renaissance portal was added in 1616. – The town Gernrode lies idyllically scattered over several hills, on one of which, lies one of the most beautiful preserved examples of ottonique architecture. Empress Theophano had it built during her stay between 973 and 978.

C'est sur l'ancienne place évasée du marché que fut construit l'hôtel de ville de Quedlinburg. Cet édifice fut reconstruit en 1616 et muni d'un splendide portail style renaissance. Cette ville idyllique s'étend sur plusieurs collines. On apercevra sur une colline l'un des plus magnifiques édifices d'architecture ottonique, érigé par l'impératrice Theophano, qui résida de 973 à 978 dans la ville de Quedlinburg.

Ein Bilderbuchstädtchen ist Stolberg, an steile Hänge in enge Täler gebaut, eine der ältesten Siedlungen im Südharz und vermutlich um das Jahr 1000 als Bergmannssiedlung gegründet. Das Renaissanceschloß war zuvor eine mittelalterliche Burg. – Burg Falkenstein eine der schönsten und besterhaltenen Burgen des Harzes, ist im 12. bis 16. Jahrhundert entstanden und versteckt sich hinter den Bäumen über dem Tal der Selke bei Ballenstedt. Man kann sie schon seit 100 Jahren besichtigen.

Stolberg is a picture book town, built in narrow valleys and on steep slopes. It is one of the oldest settlements in the southern Harz, and was presumably founded by miners in 1000. The renaissance palace used to be a medieval castle. – Castle Falkenstein is one of the most beautiful and best-kept castles in the Harz was built between the 12th and 16th century, and hides behind the trees above the valley of the Selke near Ballenstedt. It has been open for visitors for one hundred years.

Cette petite ville, construite sur les pentes abruptes dans d'étroites vallées, ressemble à un livre d'images. Elle constitue l'une des plus anciennes cités du Sud-Harz et sa construction remonte probablement à l'an 1000 où elle abritait des mineurs. Le château renaissance était auparavant un château moyenâgeux – Derrières les arbres répartis dans la vallée de la Selke près de la localité de Ballenstedt, on pourra découvrir l'un des plus splendides châteaux forts bien conservé de la région du Harz qui fut construit entre le 12 et 16 ème siècle. Les visites sont autorisées depuis un siècle.

Das Kyffhäusergebirge im Süden der Goldenen Aue gehört schon zum Thüringer Becken. Sicher ist es der weite Blick, der Kaiser Barbarossa - der Sage nach - gerade hier auf seine Rückkehr warten läßt. Dafür hat man ihm 1896 ein 81 Meter hohes Sandsteindenkmal errichtet. Aber der Kaiser schläft noch im unterirdischen Schloß. Man kann also die Barbarossahöhle am Südhang des Gebirges besichtigen, eine immense Gipshöhle mit Seen und Grotten.

Da ist man durch den Harz gereist, hat Schlösser gesehen, Burgen und Ruinen, schöne Täler, große Talsperren, ist in tiefe Bergwerke eingefahren und hat vor bizarren Gebilden der Tropfsteinhöhlen gefröstelt - und noch so viel ist geblieben für das nächste Mal: Das Brockengespenst, das Plätschern der Flüsse abseits der Touristenpfade, die silberne Locke im Bergwerkmuseum in Clausthal, oder einfach das bekannte zu einer anderen Jahreszeit, die alles wieder neu macht.

The Kyffhäuser mountains, to the south of the Goldene Aue (Golden Pasture), lie in the Thüringer basin. Legends suggest that Kaiser Barbarossa will one day reappear here. For that reason, a 81 metre high monument of sandstone was erected in 1896 in his name. But the Kaiser is still asleep in the subterranean castle. You can also visit the Barbarossa cave in the southern slope of the mountain, an immense gypsum cave with lakes and grottoes.

You have travelled through the Harz, you have seen castles and ruins, beautiful valleys, you've gone deep into a mine and shivered at the bizarre creations of the drip stone caves - and yet still so much is left to see, the next time around: the Brocken ghost, the splashing of the rivers out of the way of tourist paths, the silver tuft of hair in the mining museum in Clausthal... or you can simply come in another season to enjoy the variety of impressions this region has to offer throughout the year.

La montagne du Kyffhäuser, située au sud des champs d'or (Goldene Aue), appartient déjà au bassin de Thuringe. De la terrasse, la vue est très étendue. La légende raconte que l'empereur Barberousse y retournera un jour. C'est pour cette raison qu'en 1896 on lui érigea un monument en grès d'une hauteur de 81 mètres. Mais l'empereur repose toujours dans le souterrain du château. La grotte de Barberousse (Barbarossahöhle), située sur le versant sud de la montagne, est également ouverte aux touristes. Il s'agit d'une gigantesque grotte de plâtre abritant plusieurs lacs et cavernes.

Après avoir visité de nombreux châteaux, châteaux forts et ruines, admiré les splendides vallées à caractère unique, contemplé d'impressionnants barrages, être descendu au fonds des mines et frissonné à la vue des bizarres créatures qu'abrite la grotte de consécration calcaire de la région du Harz, le voyage n'est pas encore terminé. Il reste tant de choses à y découvrir: se trouver face à face du fantôme du Brocken, entendre ruisseler les fleuves situés à l'écart des sentiers de randonnée, découvrir la boucle d'or qu'abrite le musée des mines de la ville de Clausthal où simplement s'émerveiller de nouveau pour ces beautés impressionnantes lors d'une visite se déroulant à une autre saison.

ZIETHEN-PANORAMA VERLAG
D-53902 Bad Münstereifel · Flurweg 15
Telefon: (0) 22 53 - 60 47 · Fax: (0) 22 53 - 67 56

2. Auflage 1999

Printed in Germany

Redaktion und Gestaltung: Horst Ziethen
Textautorin: Gisela Buddée
Englische Übersetzung: Markus Brouwer
Französische Übersetzung: Leïla Schenkelberg

Gesamtherstellung:

ZIETHEN-Farbdruckmedien GmbH
D-50999 Köln · Unter Buschweg 17
Telefon: (0) 22 36 - 39 89 - 0 · Fax: (0) 22 36 - 39 89 39

ISBN 3-929932-75-X

BILDNACHWEIS / table of illustrations / table des Illustrations

	Seiten:
Fridmar Damm	11 (2), 12, 14, 15, 22, 24, 25, 26, 27, 28, 30, 31, 32, 33, 35, 38, 43, 46, 47, 48, 49, 54, 55, 56, 58, 60, 61, 64, 66, 68, 69, 70, 71
Horst Ziethen	7, 8, 13, 29, 39, 40, 41, 42, 44, 45
Bildarchiv Huber	9, 34
Deutsche Luftbild	10, 23, 37
Greiner u. Meier	16 (2), 17, 18, 20, 36, 50, 51, 52, 53, 62, 63, 67
Foto Hahn	19, 59
Ingo Wandmacher	21, Rücktitelbild
Bildarchiv Silvestris	57, 65 u. Titelbild (Lange)
Stuttgarter Luftbild / Elsässer	72

Vor- u. Nachsatzseiten:
Harz-Panorama-Karte, mit Genehmigung des Harzer Verkehrsverbandes e.V., Goslar

Bockenem
Lutter am Barenberge
Langelsheim
GOSLAR
Oke
Vienenburg
Stapelburg
Ilsenburg
Eckertal
Hahausen
Granestausee
Rammelsberg
636
Bad Harzburg
Burgberg
483
Brocken
1142
Wolfshagen im Harz
Innerstestausee
Hahnenklee
Gr. Trogtaler Berg
609
Lautenthal
Bocksberg
727
Schulenberg
Oker-
stausee
Torfhaus
Ecker-
stausee
Rhüden
Mechtshausen
Bockswiese
Seesen
Wurmberg
971
Bruchberg
928
Oderbrück
Achtermanns-
höhe
Oderteich
Wildemann
Clausthal-Zellerfeld
Altenau
Sonnenberg
853
Herrhausen
Münchehof
Iberger
Tropfsteinhöhle
Königskrug
Braunlage
Bad Grund
Buntenbock
Kamschlacken
Auf dem Acker
St. Andreasberg
Kalefeld
Gittelde
Riefensbeek
Hanskühnenburg
811
Windhausen
Eisdorf
Badenhausen
Lerbach
Hohegeiß
Stöberhai
714
Förste
Sösestausee
Großer Knollen
687
Sieber
Northeimer
Seenplatte
Oderstausee
Katlenburg
OSTERODE
am Harz
Lonau
Wieda
Zorge
NORTHEIM
Wulften
Bad Lauterberg
im Harz
Ravensberg
659
Hattorf am Harz
Einhornhöhle
Barbis
Herzberg
am Harz
Bad Sachsa
Steina
Pöhlde
Scharzfeld
Bartolfelde
Osterhagen
Neuhof
Norten-Hardenberg
Ebergötzen
Seeburger See
Rhumequelle
Seeburg
Bovenden
Tettenborn
Rhumspringe
Seulingen
Duderstadt
Bischofferode
OHMGEBIRGE
Großbodungen
Teistungen
Berlingerode
Bleicherode
GÖTTINGEN
Günterode
Worbis
HEILBAD HEILIGENSTADT
Beuren
Leinefelde
Kirchworbis
Sollstedt